BIBLIOTHÈQUES DE DROIT

COLLECTION FONDÉE ET DIRIGÉE PAR JEAN-PAUL CÉRÉ

Cette collection a pour vocation d'assurer la diffusion d'ouvrages scientifiques sur des thèmes d'actualité ou sur des sujets peu explorés dans le domaine des sciences juridiques. Elle se destine notamment à la publication de travaux de jeunes chercheurs.

Dernières parutions :

M. GERMAIN, Essai sur l'influence du pédophile à l'égard du silence des tiers

F. LOUISE, Droit de grâce sous la Ve République

C. MORALES, Le droit animal

C. MENABE et M. MARTINELLE (dir.), L'enfant en prison

Y. JEANNERET, A. KUHN et B. LAPEROU-SCHENEIDER, Droit pénal français et droit pénal suisse

B. BARRAUD, Le pragmatisme juridique

N. LORY, La saisie pénale des biens incorporels

M. PERRIN, Le statut pénal de l'animal

A. TATARINOFF, Génocide et crimes de masse (1933-1946)

P. ROUSSEAU, Autonomie personnelle et droit pénal

A. AZARETE, E. GUERRERO et Th. MORETTO (dir.), Fête et droit public

A. BEn GADI, La libération conditionnelle comme outil de gestion du risque

BIBLIOTHÈQUE DE *DROIT PENITENTIAIRE*

DROIT DISCIPLINAIRE PÉNITENTIAIRE DE LA BELLE ÉPOQUE

5-7, rue de l'École-Polytechnique, 75005 Paris

http://www.editions-harmattan.fr

ISBN : 978-2-343-19008-2
EAN : 9782343190082

Hinda Hedhili-Azéma

Droit disciplinaire pénitentiaire de la Belle Époque

L'Harmattan

Du même auteur

Sciences et pratiques pénitentiaires en France, XIXe XXe siècles, L'Harmattan, Collection Sciences criminelles, Paris, 2014.

J'exprime ici toute ma gratitude à M. Jean-Paul Céré pour la confiance qu'il m'a accordée dans l'élaboration de cette étude et l'inspiration qu'il a suscitée en moi à travers ses ouvrages.

A Myriam et Elyes

Principales abréviations

Art.. Article
Cass. crim .... Chambre criminelle de la Cour de cassation
C. civ ....Code civil
Cons. d'Et.. Conseil d'Etat
C. pén .... Code pénal
C. pr. pén .... Code de procédure pénale
Dr. pén.. Revue Droit pénal
Ed .... Edition
Gaz. Pal .... Gazette du Palais
Infra.. Ci-dessous
JO ....Journal Officiel
JCP.. Jurisclasseur, La semaine juridique
Not .... Notamment
P, pp ....page(s)
Préc.. Précité
Rev. sc. crim....... Revue de science criminelle et de droit pénal comparé
RFD adm ....Revue française de droit administratif
RTD civ ....Revue trimestrielle de droit civil
S .... suivant
Supra .... Supra
V .... Voir

Introduction

La prison d'hier n'est pas celle d'aujourd'hui. Aux yeux de l'historien pourtant, la prison contemporaine conserve de nombreux caractères propres aux établissements de la Belle Epoque[1]. Le principe pénitentiaire y demeure le même, celui d'un isolement forcé de l'individu, avec perte de libertés pour un temps. La technique carcérale y est régie par des règles qui obligent l'administration et le détenu jusqu'au jour de sa libération[2]. Le détenu[3] y conserve pourtant sa personnalité juridique et ses droits personnels. La similitude historique s'arrête là car, en matière pénitentiaire, les apparences sont souvent trompeuses[4]. La prison de 1900 n'a en effet que très peu à voir avec celle que nous observons aujourd'hui[5]. Bien heureusement, l'institution a évolué[6] et n'est pas restée figée à la geôle

---

[1] Cette étude est dédiée à la discipline pénitentiaire de la Belle Epoque ; elle se base sur une analyse complète des textes réglementaires de la prison du XIXe et du début du XXe siècles. Elle complète les ouvrages antérieurs de l'auteur dont l'objet n'était pas de préciser ses sources administratives particulières.

[2] Le cas de la libération conditionnelle est spécial, cf., VINCENT (L.), *La libération conditionnelle, loi du 14 août 1885,* Thèse de la faculté de droit de Paris, Paris, A. Rousseau, 1898, 304 pages ; la question se retrouve dans le débat actuel sur les nouvelles peines, voir, GOUSSE (V.), *La libération conditionnelle à l'épreuve de la pratique,* Bibliothèque de droit pénitentiaire, L'Harmattan, 2008, Paris, 135 pages et BESANCON (A.), *La libération conditionnelle depuis le code de procédure pénale,* Librairie générale de droit et de jurisprudence, Paris, 1970, 317 pages.

[3] Sur la définition des droits, cf. PAULIAT (H.), NEGRON (E.), BERTHIER (L.), *La prison : quels droits ?,* Actes du colloque organisé à Limoges le 7 octobre 2011, Limoges, 2013, 167 pages. Au niveau international, SCALLIA (D.), *Droit international de la détention : des droits des prisonniers aux devoirs des Etats,* L.G.D.J., Paris, 2015, 518 pages.

[4] HEDHILI-AZEMA (H.), Regard sur l'histoire pénitentiaire et ses institutions en France depuis le XIXe siècle, *Revue pénitentiaire et de droit pénal,* Édition Cujas, 2011, p. 71-83.

[5] Voir, O.I.P., Section française, *Régime disciplinaire en prison,* Paris, 1998.

[6] HADJAB (B.), *L'évolution de la répression disciplinaire en prison,* Mémoire de D.E.A, Administration publique, Lyon II, 2001, dact, 80 pages ; pour une vision synthétique de la prison, CERE (J.-P.), *La prison,* 2e édition 2016, Collection du droit, Dalloz, Paris, 163 pages.

sordide du prévôt médiéval[7]. La prison est devenue un « service public administratif »[8], produisant des garanties inconnues à la Belle Epoque, dont le droit de recours pour le condamné ou encore le droit à une vie digne[9]. Ce progrès français d'inspiration européenne ne doit pas pour autant cacher les dérives de la technique carcérale. Il contraste avec la toute-puissante administrative, autrefois dénoncée comme pouvoir discrétionnaire sur le sort du condamné. Si des préventions demeurent contre le régime[10] d'emprisonnement, les principaux vices juridiques du système[11] ont disparu. L'ancien droit des prisons s'en est allé et a laissé place à un régime[12] propre au XXIe siècle, d'inspiration juridictionnelle. L'étude de la discipline ancienne n'est donc pas un exercice nostalgique qui consisterait à faire survivre une tradition bien gardée mais bien une compréhension objective du progrès pénal. A bien des égards, cette étude souhaite souligner la possible transformation des pratiques abusives pénitentiaires en règles de droit[13].

---

7 Sur la question, cf. BONGERT (Y.), *Histoire du droit pénal,* réédition coordonnée par DESCAMPS (O.), DE CARBONNIERES (L.), Ed. Panthéon-Assas, Paris, 2012, 519 p. ; LAINGUI (A.), *Histoire du droit pénal,* Paris, Cujas, 2000, 158 p. Sous l'Ancien régime, on y retrouve les prisons de lettres de cachet sans jugement.

8 PECHILLON (E.), *Sécurité et service public pénitentiaire,* L.G.D.J., Bibliothèque de droit public, Paris, 1998, 204 pages.

9 Ce progrès est aussi européen : cf. CERE (J.-P.), The european court of human rights and the protection of prisonners'rights, *International journal on criminology,* 2016 ; Les règles pénitentiaires européennes et les conditions de détention, *Gaz. Pal.,* n° 39-40, 2013, p. 19-20.

10 Voir, O.I.P., *Les rapports de l'observatoire international des prisons, Les conditions de détention des personnes incarcérées,* Lyon, de 1993 à 2017.

11 La notion de système est au cœur de la pensée contemporaine, CERE (J.-P.), *Les systèmes pénitentiaires dans le monde,* édition Dalloz, collection Thèmes et commentaires, 2001 - Réédition 2017 ; sur la légitimité du régime, voir : JACQUOT (S.), RAIMBOURG (D.), BADINTER (R.), *Prison, le choix de la raison,* Economica, Paris, 2015, 100 pages. Pour une vulgarisation rapide du système, DINDO (S.), *Parlons prison : en 30 questions,* La documentation française, Paris, 2015, 92 pages. A l'étranger, DAVIS (A.), *La prison est-elle obsolète,* Vauvery, 2014, 154 pages ; TOURNIER (P.-V.), *La prison : une nécessité pour la République,* Paris, 2013, 260 pages.

12 Voir, CERE (J.-P.), *Droit disciplinaire pénitentiaire,* Édition L'Harmattan, Paris, 2020, 188 pages ; LOHRO (G.), PELISSIER (P.), *Le droit des peines,* L'Harmattan, Paris, 2003, 122 pages.

13 HEDHILI-AZEMA (H.), Règles de droit et règlements pénitentiaires en France au XIXe siècle, *Enfermements II, Règles et dérèglements en milieu clos (XIV-XIXe siècles),* sous la direction d'I. Heullant-Donat, J. Claustre, Elisabeth Lusset, F. Bretschneider, Publication de la Sorbonne, Paris, 2015, p. 49-62

Section 1. Le droit des prisons

Il en ressort que le débat engagé depuis deux siècles sur le terrain de la discipline des prisons reste miné par des tensions idéologiques et des luttes anciennes[14]. Si le dysfonctionnement pénitentiaire[15] existe bel et bien dans les faits, ce dernier ne peut se réduire à la seule violence du procédé de détention[16] mais doit s'élargir à la mauvaise application des règles édictées. Ce difficile contrôle de l'Etat[17] contre l'abus administratif se présente sous plusieurs formes historiques. Alors que la prison est prévue par ses créateurs comme une technique plus douce, sa mauvaise application originelle remet en cause sa modernité initiale. La prison est décriée comme néfaste, créature incontrôlable, machine à tuer. Bien qu'elle n'ait pas théoriquement vocation à affecter la personne du condamné, la prison menace bientôt dans les faits l'intégrité[18] humaine. Elle ne sera jamais le lieu de pénitence qu'espéraient ses fondateurs[19]. En 1900, rien d'étonnant à ce que le détenu entre en prison, comme à l'usine, sans certitude sur son sort, dans une vie plutôt

---

[14] Pour une approche sociologique sur la relation qu'entretient la société avec ses ex-détenus, G.E.N.E.P.I., *La prison, une institution au cœur de la société, les relations entre la société civile et l'institution pénale*, CACHAN, Paris, 1998, 106 pages. Sur l'idée que se font certains comtemporains de la prison, GAUME (H.), *La prison, le plus grand hôtel de France ?*, Editions la Simarre, Joué-lès-Tours, 2016, 291 pages ; LHUILIER (D.), *Le choc carcéral, survivre en prison*, Fayard, Paris, 2001, 309 pages ; SEYLER (M.), *La prison immobile*, Mayenne, 2001, 181 pages.

[15] PONCELA (P.), La procédure disciplinaire carcérale dans la tourmente, *Revue de science criminelle et de droit pénal comparé*, 2001, n°4, octobre-décembre, p. 872-880

[16] Sur l'opinion populaire, Ministère de la justice, *A l'ombre du savoir, connaissances et représentations des Français sur la prison*, Direction de l'administration pénitentiaire, Paris, 1997, 121 pages. Sur l'opinion des professionnels, RAYNAL (F.), *Prisons, quelles alternatives*, Corlet, Paris, 2000, 207 pages ; CHAUVENET (A.), ROSTAING (C.), ORLIC (F.), *La violence carcérale en question*, PUF, Paris, 2015, 347 pages.

[17] Ce n'est que bien plus tard que la question disciplinaire se focalise sur le recours.

[18] Sur la notion contemporaine d'intégrité, PIERRE (E.), L'article 44 alinéa 2 de la loi pénitentiaire du 24 novembre 2009, protection de l'intégrité physique des personnes détenues et responsabilité de l'Etat, Mémoire de Master II, sous la direction de François Février, 2016.

[19] Pour une étude approfondie de la doctrine, HEDHILI-AZEMA (H.), *Sciences et pratiques pénitentiaires en France, XIXe-XXe siècles*, Édition L'Harmattan, Paris, 2014, 393 pages.

dangereuse[20]. Au début du siècle, la vie pénitentiaire est certes mauvaise mais le régime juridique existe et reste fondé sur une réglementation ambitieuse. La raison en est simple, les prescriptions du début du XIXe siècle ont été édictées par le pouvoir central, dans le sens d'une neutralisation de la vieille conciergerie, considérée comme illégale. Le monopole de l'Etat cache bien cette intention de détacher la prison d'un héritage gênant[21]. S'impose un pouvoir hiérarchique naturel. La Belle Epoque illustre cet entre-deux pénitentiaire qui fait de la prison le lieu bien gardé de l'administration centrale et l'univers froid et clos des anciennes conciergeries. Selon la loi nouvelle, l'affaire privée ne pourra plus prendre place dans la fonction régalienne. Reste néanmoins à réprimer des coutumes illégales qui demeurent établies. La prison de 1900 porte les stigmates et les espoirs de ces rapports de force. C'est en ce sens qu'elle laisse à ses contemporains un goût d'amertume. Le droit existe mais il reste lettre morte. C'est l'inexécution des règlements et l'impuissance hiérarchique qui causent le premier dysfonctionnement disciplinaire. Au début du XXe siècle, malgré certaines avancées, la prison demeure une institution pénale et administrative qui ne peut être sauvée et qui ne sauve personne.

§ 1. La règle publique

La prison ne s'érige pas naturellement au début du XIXe siècle, comme un établissement public décentralisé. La règle y est plutôt hasardeuse, dépendante de la volonté des agents, maîtres des clefs. L'œuvre des régimes successifs est d'administrer véritablement les prisons, au terme d'une longue lutte hiérarchique. La nature publique de l'établissement pénitentiaire se dessine plus tard, au moment de la Restauration, sans que la prison ne devienne un siège

---

20 A.-D. H.-G., 1Y9, Rapport de l'état sanitaire des détenus dans les prisons d'enfermement individuel de Toulouse pour l'année 1908, accompagné du Questionnaire concernant l'application et les effets du régime de l'emprisonnement cellulaire : Renseignements, faits et observations à consigner. L'état sanitaire comprend les effets constatés de la cellule, l'anémie, l'hygiène. L'état moral comprend la moralisation, l'amendement, l'excitation, l'apaisement, la dégradation, le redressement, l'état de tristesse, l'abattement, les idées suicidaires. L'instruction et le travail sont à part.

21 La question est débattue dans le congrès de 2003 de l'Association internationale de droit pénal. A.F.D.P., *Les principes du procès pénal et leur mise en œuvre dans les procédures disciplinaires*, Paris, ERES, 2003.

parfait de justice. L'administration centrale s'affirme comme en charge des prisons. Elle a une priorité, depuis le début du XIXe siècle, désamorcer les pratiques abusives dites traditionnelles comme le *« bastonnage »* ou la corruption des cantiniers. En ce sens, la réforme consiste en une épuration brutale des anciens usages des propriétaires privés des lieux et en une dénonciation d'accords illicites[22]. Cette action va modifier la formule disciplinaire de la prison, les gouvernements se rejoignant unanimement sur un modèle cellulaire, ultime vitrine de la modernité doctrinale permettant de tourner la page. Suivent une redéfinition des règles disciplinaires nouvelles et une réitération de ces principes, jusque sous la Troisième République, pour défaut d'application.

Dans le florilège des principes fondamentaux réglementaires, se présente en premier lieu, et étonnamment, la règle de préservation du condamné, comme une obligation à la charge de l'administration. Le principe prescrit une protection du détenu, et ce, dès l'enregistrement au greffe de l'établissement pénitentiaire. La règle interdit formellement à tous les agents « *toutes violences ou (...) toutes violations administratives non-autorisées* ». De cette prescription générale, découle l'idée que la prison ne peut être un lieu de violences gratuites du fait de la loi. Les gardes[23] ne feront plus, sauf autorisation, usage de certains actes autrefois courants : « *porter la main sur les détenus* », « *violenter un individu* », même pour désobéissance. Le principe de la non-agression physique existe en droit mais reste invisible sur le terrain. On lui admet certes des attributs, comme la vérification

---

[22] L'administration relève qu'il y a une tendance assez claire de survivance de ce type de pratiques encore sous la Monarchie de Juillet. Elle offre une solution par une surveillance active. Elle gratifie ceux qui déjouent l'évasion. Cf. *Instruction sur la responsabilité des gardiens, en cas d'évasion et sur les gratifications accordées en cas de reprise de condamnés évadés*, 20 mai 1833. Des indications spéciales sont réitérées en 1871, cf. *Instruction concernant les précautions à prendre pour prévenir les évasions*, 15 juillet 1871.

[23] Pour illustration, à Toulouse, le personnel de la maison d'arrêt est composé du directeur, du gardien-chef, de quatre gardiens, de deux agents du gardien-chef, des commis greffiers, de l'aumônier, du médecin et de l'instituteur. Le personnel de la maison de justice comprend un gardien-chef, un gardien, un guichetier, un aumônier, un médecin. A.-D. H.-G., 1Y6, *Règlement particulier pour les prisons de Toulouse*, 11 pages, 36 articles, 19 mai 1842.

des lieux de détention[24] « *sains » et « propres* » pour recevoir la population pénitentiaire. Sa seconde perspective est plus doctrinale, elle fait de la prison un instrument de réforme morale de l'individu, dans le sens d'une discipline sans corruption et sans humiliation[25]. L'application de la non-violence contraint surtout l'Etat à doter les prisons de moyens, de règlements et de procédures conformes[26]. Chaque acte des agents sera désormais porteur d'un acte administratif légal à rapporter ; chaque rapport suscitera une responsabilité de celui qui l'administre. L'Etat reconnaît par ce système la nécessité du contrôle de sa police[27] et ses dérives. Il explore alors deux chantiers, l'encadrement de la police spéciale[28] et l'obligation de réglementation uniforme. L'étude présente décrit les ambitions et les déboires de cette expérimentation. Ce droit nouveau[29] n'est évidemment pas unitaire et produira des disparités, selon la nature de l'établissement, de l'individu et du sexe du détenu[30]. Le souci révèle pourtant l'idée fondamentale de l'égale exécution de la loi pénale. Celle de veiller à ce que chaque détenu bénéficie d'« *un sort adouci et*

---

[24] De nombreuses critiques s'élèvent sur le danger de la technique carcérale, cf. SAMMUT (F.), LUMBROSO (P.), SERANOT (C.), *La prison : une machine à tuer ?,* Édition du Rocher, 2002, Paris, 259 pages. Nombreuses études s'orientent vers l'analyse corporelle, cf. (R.), *Les dispositifs corporels dans la moralisation du prisonnier aux XIXe et XXe siècles (1791-1937),* Mémoire de Master II, sous la direction de Serge Fauché, Université de Lettres de Bordeaux, 2009 ; DE GIORGI (A.), *Rethinking the political economy of punishment : perspectives on post-fordism and penal politics,* Advances in criminology, Paris, 2006, 167 pages.

[25] HEDHILI-AZEMA (H.), *Sciences et pratiques pénitentiaires en France, XIXe-XXe siècles,* Édition L'Harmattan, Paris, 2014, 393 pages.

[26] Cf. VIRION (V), *La procédure disciplinaire en détention,* Mémoire de D.E.A., Droit pénal et sciences criminelles, Bordeaux 4, 2002, 83 pages.

[27] La police intérieure des prisons est actuellement définie par l'article D241 du Code de procédure pénale. Chaque détenu est soumis aux règles qui régissent uniformément les détenus de la catégorie à laquelle il appartient. Selon leurs mérites et leurs aptitudes, les condamnés ont une égale vocation à bénéficier des divers avantages que comporte éventuellement le régime de l'établissement où ils subissent leur peine. Aucune discrimination ne doit être fondée à cet égard sur des considérations tenant à la race, à la langue, à la religion, à l'origine nationale, aux opinions politiques ou à la situation sociale.

[28] Cf. Arrêté sur la police des prisons départementales, Paris, 25 décembre 1819.

[29] Pour une définition large du droit disciplinaire, cf. DESPLAT (A.), SIMONNEAU (M.), *Le droit disciplinaire,* Liaisons sociales, 1998, 106 pages. Sur l'institution contemporaine, cf. J. MORET BAILLY, *Les institutions disciplinaires,* Mission Droit et Justice, Paris, 2003, 150 pages.

[30] Sur les prisons de femmes, cf. MATHIEU (H.), *Prisons de femmes,* Marabout, Paris, 1987, 122 pages.

d'un traitement égal ». Cette mission fonde pour longtemps l'esprit de la pénitentiaire mais elle ne contredit pas le pouvoir de répression des agents souvent libres de contrôle[31]. La répression des fautes disciplinaires[32] est pourtant très vite perçue comme cause de violations. C'est en ce sens que le pouvoir hiérarchique impose rapidement le principe dit du pouvoir répressif exclusif du chef d'établissement, sous contrôle du pouvoir central. Le cadre est posé. Le pouvoir central commande. L'administration locale sera désormais contrainte par la loi d'appliquer un droit unique. Le chef d'établissement applique la loi et n'aura aucun pouvoir de création, de transformation de la norme disciplinaire. Il s'y soumettra. L'Etat entend aussi par là que la rigueur disciplinaire ne se réduise pas à la simple sanction[33] des fautes, mais englobe les règles sociales de la prison pour les rendre conformes. On appellera ici le droit général disciplinaire pénitentiaire celui qui commande l'ensemble des fournitures et services des prisons. Il se distinguera pour nous du droit spécial pénitentiaire qui réglemente la sanction des infractions[34].

§ 2. La police spéciale

Depuis la Constituante, le droit général pénitentiaire est en gestation. Il est l'assise du bon fonctionnement du système pénal et le fruit d'une réflexion doctrinale comparée[35]. Il est dès la Constituante un régime mal appliqué si bien que le pouvoir central peine à imposer une gestion égale dans tous les établissements du territoire. Cette transposition difficile du droit a des causes politiques.

---

31 A.-D. H.-G., 1Y6, Règlement pour les prisons du département de la Haute-Garonne, 1er août 1835, Toulouse, 20 pages ; « il est rationnel de coordonner dans un nouveau règlement les dispositions des lois, ordonnances et instructions de police des prisons avec les devoirs que la surveillance de ces établissements impose à l'administration ».

32 PRALAS DUPUY (J.), La répression disciplinaire de l'infraction pénale, *Revue de science criminelle et de droit pénal comparé,* avril-juin 1992, n°2, p. 229-258.

33 BARBELETTE (P.), *La situation du détenu face aux sanctions disciplinaires,* Mémoire de D.E.A. de Droit public, Paris, Panthéon-Assas, 2003, 91 p. ; Pour la période contemporaine, (D.) PRECIADO, *Sanctions disciplinaires en milieu carcéral,* Mémoire de DEA, Sciences criminelles, Faculté de droit de Toulouse, 1992, 119 pages.

34 Nous recommandons la lecture de : CERE (J.-P.), *Droit disciplinaire en prison,* Edition L'Harmattan, Traité de Sciences criminelles, volume V, 2020, 188 pages.

35 HEDHILI-AZEMA (H.), *Sciences et pratiques pénitentiaires en France, XIXe-XXe siècles,* Edition L'Harmattan, Paris, 2014, 393 pages.

Elle est liée directement à la dépossession du pouvoir de la conciergerie. La prison moderne est une publicisation générale de la fonction de punir et entraîne l'éviction des anciens propriétaires de ce droit. Les premières réglementations en font preuve ; elles seront davantage des déclarations d'intention à l'encontre des anciens geôliers que des actes de justice véritable. La police épouse un sens nouveau propre à la mutation historique des lieux d'enfermement comme mission qui sécurise l'enceinte des prisons. L'histoire révèle que ce ne fut pas le premier sens attribué.

En 1795, les prisons symbolisent en effet un puissant outil de sécurisation du nouveau régime libéral. Elles permettent la neutralisation des ennemis de la Révolution et insufflent l'idée de privation. Dans ce contexte, la police des prisons est vitale contre ceux qui menacent la nouvelle constitution. Pour éviter toute évasion, l'Etat exige que des factions assurent la garde des établissements, donnant une tonalité militaire au personnel de garde. La suspicion demeure pourtant dans l'enceinte même des lieux d'enfermement. C'est pourquoi, le greffe certifie la légalité des détentions, par la tenue d'un registre signé et parafé par le président du tribunal. Cette bureaucratie entraîne une surveillance et une hiérarchie administratives dans lesquelles les gardes suivront à la lettre les ordres du directeur de maison. Sous la Restauration, le temps de la réconciliation commande une nouvelle fonction de l'administration. Dans chaque établissement, on distribuera désormais deux polices, l'une dite spéciale qui réprime les fautes, l'autre dite générale qui consiste en la gestion matérielle de l'individu dans la maison. Dans les établissements centraux, le directeur détiendra le pouvoir de contrôle du comportement du détenu et donc de répression. Agent de l'Etat, nommé et révoqué par le ministre, il est choisi pour ses compétences, par le préfet, après avis du maire et de la commission de surveillance[36]. Il est un homme de pouvoir et sera le seul à sanctionner,[37] sous couvert préfectoral et ministériel. Le préfet n'est pas en reste puisqu'il confectionne le règlement de la

---

[36] Cf. Circulaire relative aux commissions de surveillance près des prisons, 8 septembre 1849.

[37] Sur la vie quotidienne des détenus au XIXe siècle, LAMBIN (S.), *Prisons et prisonniers dans le Nord sous la IIIe République,* Thèse de doctorat d'histoire moderne et contemporaine, Université de Lille, sous la direction de Jean-Paul Barrière, 2013.

maison avec l'aide d'un conseil charitable. Il garde aussi la main sur les questions de sûreté, de propreté et de santé de la maison[38]. Il faut cependant souligner que seul le pouvoir central réforme les abus du directeur. A l'époque, le préfet agit sur les gardiens chefs et guichetiers avec visa du ministre[39]. Dans les maisons départementales, la configuration est toute autre. Si chaque commune possède sa maison pour y retenir ses prévenus, chaque département gère ses accusés[40]. Sous la surveillance ministérielle, la police générale appartient au pouvoir municipal[41] et au commissaire de la ville[42]. L'officier municipal ne contrôle cependant jamais les affaires qui affectent la personne du détenu, réservées au juge. La municipalité et le commissaire agissent seulement sur les finances[43], l'attribution d'une bonne nourriture[44] et d'un bon coucher.[45]. Tous sont contrôlés par la commission de surveillance, dont le maire reste souvent

---

38 La question de la santé entre encore aujourd'hui dans les questions fondamentales : La protection européenne du droit de la santé des détenus, (G.) CASIL-HUGUES (dir), Santé et prison, *Le cahier du droit de la santé*, 2015, n° 21, p. 29-40. DORLHAC DE BORNE (H.), *Changer la prison*, Plon, Paris, 1984.

39 Le surveillant est généralement choisi « *lettré, sachant lire et écrire* ». La seule obligation du gardien est de savoir tenir un registre relié, côté et parafé, dans toutes ses feuilles, avec recommandations et décharges conséquentes.

40 Cf. *Article 603* du code d'instruction criminelle : les deux maisons sont séparées l'une de l'autre. L'une dépendra bientôt du tribunal de première instance et l'autre de la cour d'assises. Dans la pratique, la séparation des maisons n'est pas respectée ; on retrouve confondues dans un même local les trois maisons.

41 Pour illustration de cette action municipale, A.-D. H.-G., 1Y7, Rapports des sous-préfets, maires, commissaires de gouvernement sur les prisons municipales dans le département (An IX-1814).

42 Code d'instruction criminelle, *articles 605, 613.*

43 *Article 613* du code d'instruction criminelle : « Le Maire peut être remplacé par le ministre dans son pouvoir de police. »

44 La maison centrale oblige quant à elle à un fonctionnement spécial et, c'est sans surprise, qu'au sein de ces maisons, l'Etat impose une obligation réglementaire plus injonctive notamment en matière de ration alimentaire offerte aux détenus. La nécessité se justifie par les déviations locales constatées en matière de cantine, créant une inégalité entre détenus. Voir sur l'état des prisons, WEST (T.), *The curious M. Howard ?,* Winchester, 2011, 378 pages ; HOWARD (J.), *L'état des prisons, des hôpitaux et des maisons de force en Europe au XVIIIe siècle*, Edition de l'Atelier, Paris, 1994. MARTINAGE (R.), *Histoire du droit pénal en Europe*, Que sais-je ?, PUF, 1998, 127 p.

45 En 1865, le Préfet et le Maire vérifient que la nourriture est suffisante et saine conformément à la *Loi du 14 juillet 1865.*

le président. Cette division des pouvoirs fait varier les conditions de vie pénitentiaire selon la nature de l'établissement et la personnalité des agents[46]. Dès 1817, les directions et municipalités sont pourtant rappelées à l'ordre, contraintes de garantir un sort minimal au détenu, conforme à la loi pénale.

La prison française affiche une diversité mais aussi un triste tableau d'hygiène, commun au demeurant aux prisons européennes. Cet état sanitaire relayé par les enquêtes philanthropiques oblige cependant l'Etat à une fourniture minimale. Réclamé par les sociétés philanthropiques, ce devoir sera contrôlé par l'inspection générale des prisons. L'inspection agira donc en faveur d'un assainissement des établissements puis d'un contrôle des actes de direction et surveillance. La première des mesures de l'inspection est symbolique, puisqu'elle prononce l'interdiction sur tout le territoire des cachots humides, dits privés d'air[47]. L'inspection souhaite la transparence pénitentiaire. Désormais, toutes les maisons devront transcrire et enregistrer leurs vies en actes administratifs, en vue d'une inspection annuelle[48], afin que l'inspection révèle « *toute rigueur employée dans les détentions autres que celles autorisées par la loi* ». Ces faits seront requalifiés « *de méfaits* » ou « *de crimes punissables* ». L'action de l'inspection s'ajoute au contrôle cumulé du juge d'instruction, du président de

---

46 On arguera longtemps que ce coucher est parfois meilleur que celui de l'ouvrier lambda. Le coucher du prisonnier est amélioré en 1838 sur rapport du roi. Le coucher sur de la paille étendue sur le sol ou sur des lits de camp est formellement interdit. La raison est qu'il est malpropre. Chaque prisonnier dispose d'un matelas de laine, style de paillasse avec un traversin en paille ou en laine.

47 A.-D. H.-G., 1Y8, *Rapport de la commission établie à Toulouse,* Toulouse, 1815. Y est consigné l'état des cachots tous situés dans une vieille tour donnant sur un préau, décrite comme très malsaine par manque d'air et parfois sans air. Les cachots de la maison sont considérés par la commission comme ayant des odeurs infectes.

48 Les établissements sont établis spécialement pour recevoir les individus condamnés par les cours et tribunaux qui dépendent de la circonscription. Le ministre peut rediriger certains détenus, vers d'autres maisons, au cas de surpopulation..

la cour d'assises et du préfet. Malgré toutes ces préventions, la prison demeure un lieu non réglementaire[49]. Pour les enquêteurs, elle est un fouillis de promiscuité, de maladies et de violences[50]. Les détenus de 1900 reçoivent bien une meilleure alimentation, un meilleur coucher et pécule[51] mais ne voient pas leur sort disciplinaire amélioré. Le défi de la Belle Epoque est moins de réaliser la prison propre que de mettre la prison sous le contrôle total de l'Etat. Il va sans dire que la situation réelle des prisons est très loin d'un lieu de repentance paisible[52].

§ 3. La force obligatoire

La force obligatoire de la réglementation est un défi précoce et difficile à atteindre pour l'administration centrale. Il débute à la création des premiers règlements généraux et trouve sa réalisation définitive en 1990. Le sens de l'obligation légale est de permettre aux règles de s'imposer sur le terrain. Elle se combine à une idée d'uniformité de la peine, conforme à la science criminelle. Par ce principe, chaque prison répondra aux mêmes règles. L'unité réglementaire envisagée n'est pas une mince affaire puisqu'elle contraint les administrateurs locaux à céder, encore une partie de leurs pouvoirs à l'administration centrale. Forcer, c'est ici rendre réel le droit. L'unification des règles est la première étape de réalisation. Elle entraînera une série de débats sur le plan de la surveillance, de

---

49 Sur la geôle ancienne, CLAUSTRE, (J.), Dans les geôles du roi, la prison pour dette à Paris, à la fin du Moyen-Age, Publications de la Sorbonne, 2007, 495 pages. FORTOLIS (L.), *Les Anglais en France. Des cachots de la Terreur aux geôles de l'Empire*, Imprimerie Devé, Evreux, 1923, 291 pages. L'idée de geôle réapparaît au cours des conflits mondiaux avec l'Allemagne, CORDONNIER (D.), *Geôles Allemandes*, 1942-1943, Imprimerie de l'Observateur, 1945, 154 pages. BARAUDE (H.), *Enfers d'Allemagne*, *Les Geôles allemandes*, Paris, 1921, 223 pages. FRAYSSINET (F.), *Quatre saisons dans les geôles de la IVe République*, Montecarlo, 1953, 189 pages.

50 Sur les violences pénitentiaires contemporaines, PLOQUIN (F.), *La prison des caïds*, Plon, Paris, 2011, 248 pages.

51 La cantine suscite une forme d'inégalité entre les condamnés selon leur possibilité d'acheter des vivres. *Dispositions réglementaires extraites des rapports de Martignac et de Montel sur les maisons centrales, Règlement du 10 mai 1839*. Il autorise la disposition de la portion disponible du pécule et l'achat de vivres.

52 HEDHILI-AZEMA (H.), *Sciences et pratiques pénitentiaires en France*, XIXe-XXe siècles, Edition L'Harmattan, Paris, 2014, 393 pages.

l'hygiène et des fournitures[53]. Les autorités ministérielles y expriment leur profonde méfiance à l'égard des directions régionales[54] et des gardiens de l'Ancien Régime. Pour faire appliquer le droit, l'Etat va user de sanctions lourdes contre les agents, qui seront, par exemple, condamnés à mort pour avoir favorisé l'évasion d'un détenu. L'idée maîtresse est la meilleure centralisation. Se dessine alors un temps de la négociation avec les autorités locales sur la police à adopter[55].

Le premier texte d'unification réglementaire est édicté en 1816. Il pose le décor du débat disciplinaire et définit une fourniture vitale et gratuite en faveur du condamné. L'Etat exige que soit attribuée de manière automatique une base de fournitures par l'administration. Le détenu y recevra obligatoirement du pain, de l'eau et un couchage[56]. La puissance publique corrigera au passage la mission de cantine, qualifiée autrefois d'opaque et de vicieuse. Les directeurs contourneront pourtant cette obligation, évoquant des règles particulières ou des raisons financières. Cette insoumission visible va conduire à l'édiction de l'obligation impérative de fournitures, sous peine de sanction. L'Etat exigera que chaque direction produise une

---

53 Le service de propreté comprend dès 1819 le grattage, le blanchissage à l'eau de chaux, tous les ans, en saison d'été, au moins tous les deux ans des murs de l'intérieur des prisons. Les bois de lit sont lavés tous les ans. Tous les jours, les lits doivent être aérés et les détenus lavés.

54 La méfiance contre la direction est toujours présente cf. Note jointe à la lettre d'instruction adressée le 19 avril 1868 à MM. Les inspecteurs généraux des prisons et établissements pénitentiaires par Son Excellence le ministre de l'intérieur, 1868.

55 La direction des maisons centrales est particulièrement contrôlée, Décret impérial portant organisation du personnel du service des prisons et des établissements pénitentiaires, 24 décembre 1869.

56 Sous la Restauration, la fourniture dont ont besoin les prisonniers comprend le pain, la soupe, la paille, le blanchissage et l'habillement. Le pain des prisons est composé de froment, de seigle ou d'orge. La ration de pain est évaluée autour de 16 centimes. La ration de litre de soupe substantielle (beurre, sel, pain, légumes verts) est évaluée à 8 centimes. La paille le blanchissage à 3 centimes. L'habillement est d'une durée de deux ans. Chaque individu coûte 35 centimes par jour et ne doit pas coûter plus.

preuve d'exécution par des rapports circonstanciés, adressés au préfet et au ministre[57]. Le gouvernement central n'est pas dupe et entend faire peser sa supériorité[58]. Il sait les abus des nouveaux concierges[59] mais il ne peut cibler que les exactions les plus graves. Le ministre entend *« réparer les écarts de sa propre administration »*. Sa marge de manœuvre reste faible puisque chaque établissement est une petite seigneurie dans le royaume pénitentiaire. Cette intention louable ne doit pas cacher une prison qui demeure insalubre[60] et hasardeuse. Les prescriptions réglementaires n'y changeront rien et l'Etat ne s'occupera que bien plus tard de l'humanisation vitale de la détention. Pour l'heure, les règlements généraux font cesser les prétentions locales. Dans un premier temps, ils sont des actes d'autorité du ministre et viennent contrarier les règlements internes déjà existants.

A partir de 1839, chaque prison devra conformer son règlement[61] d'ordre et de discipline au règlement général publié la même

---

[57] La procédure nécessite une note officielle de la direction des prisons pour transposer l'obligation. L'obligation est transmise au préfet qui lui-même la soumet au directeur. Voir pour illustration la question de la statistique officielle, A.-D. H.-G., 1Y41, *Envoi du cadre pour la statistique de 1863, Note officielle de la direction des prisons.*

[58] Pour une définition précise de la relation de supériorité hiérarchique, BELOUBET FRIER (N.), *Pouvoirs et relations hiérarchiques dans l'administration française*, thèse de l'université de Lille III, 1991, Paris, 844 pages. L'auteur y signale que « *la supériorité hiérarchique naît essentiellement de la capacité pour l'autorité supérieure d'assurer la maîtrise de ses propres attributions et d'encadrer les décisions des autorités subordonnées* ».

[59] Cf. DEGUEZ.A.(C.), *Un univers carcéral (XVIe-XVIIe siècles) la prison de la Conciergerie et sa société,* Thèse de l'Ecole nationale des Chartes, 2005, Paris.

[60] De l'aveu du procureur impérial près du tribunal de Saint-Gaudens : les prisons sont très insalubres ; il est impossible de séparer les condamnés et de les classer suivant leur sexe, âge et nature de délits. A.-D. H.-G., 1Y7, *Lettre du procureur impérial du tribunal de Saint-Gaudens au préfet,* 5 Fructidor An XII. La prison de Cintegabelle est d'ailleurs considérée plutôt comme un cachot. Certaines prisons comme celle de Saint-Gaudens ne possèdent que 14 détenus. La prison de Villefranche ne compte que deux détenus. A.-D. H.-G., 1Y7, *Tableau des prisons et lieux de détention existant dans les différentes communes du 4e arrondissement du département de la Haute-Garonne.*

[61] C'est dans ce règlement que le droit de parloir est réglé. *Décret du 25 mai 1872, sur les relations que les condamnés ont avec les agents du service de surveillance*, ici, les personnes autorisées à visiter les détenus sont admises tous les jours au parloir, aux heures fixées par le directeur ; toutefois, les permissions de communiquer pourront être suspendues par le directeur à l'égard des visiteurs admis qui auraient abusé d'une manière quelconque et qui auraient violé les règlements des prisons.

année[62]. Le règlement particulier d'une maison devient un simple acte d'exécution[63], rabaissant la fonction de direction à celle de simple exécutant. Pendant longtemps et sans surprise, de nombreuses prisons ne possédaient aucun règlement particulier. Elles étaient souvent peu disposées à transcrire leurs règles de vie par écrit. La création d'un règlement particulier avait pourtant ses avantages. Il introduisait des spécificités aux besoins locaux. Son existence était même encouragée pour certaines procédures d'usage, comme la fouille des entrants[64]. Il existait dans certaines prisons des règlements très élaborés d'une clarté assez remarquable[65]. Le règlement de 1839 modifie la donne et impose la supériorité des règles centrales ; pour ce faire, il sera imprimé et distribué au personnel[66]. A partir de 1839, la question du conflit de normes se résoudra ainsi en défaveur des règlements particuliers, finalement considérés comme supplétifs. La règle particulière, quand elle existera, devra respecter la règle générale ou n'existera pas. Principe de subsidiarité exige. Il restera pourtant un règlement

62 Il existe aussi un règlement spécial pour les prisons cellulaires. Il diffère du règlement particulier déterminé dans les prisons départementales par la commission de surveillance et arrêté par le Préfet et le Maire. Il est soumis à l'approbation du ministre. Il contient toutes les mesures d'ordre de discipline, de propreté, de salubrité, de police locale et de détail de la prison. Il est imprimé et distribué à tous les gardiens. Cf. *Instruction sur la préparation des règlements particuliers en exécution du règlement général*, 30 octobre 1841.

63 L'obligation du règlement écrit est réitérée en 1868, Note jointe à la lettre d'instruction adressée le 19 avril 1868 à MM. Les inspecteurs généraux des prisons et établissements pénitentiaires par Son Excellence le ministre de l'intérieur, 1868.

64 A.-D. H.-G., 1Y6, *Règlement particulier de la prison de Villefranche, 14 janvier 1842,* la fouille se fait sur la personne des détenus à l'entrée de la prison. Elle peut se faire aussi au cours de la détention ou sur les visiteurs pour des motifs graves. Ce droit n'est pas inclus dans le règlement général. Aucune femme ne peut être fouillée.

65 C'est le cas de la ville de Toulouse. Le règlement de la ville est adopté avant l'édiction du règlement général de 1839. Le document très travaillé regroupe de nombreuses dispositions bien ficelées qui prouvent que le pouvoir central s'inspire des modèles locaux pour sa future réglementation. A.-D. H.-G., *1Y8, Règlement délibéré par la commission instituée par arrêté de M. le Préfet de la Haute-Garonne du 24 juin 1835.*

66 Déjà en 1835, les règlements étaient publiés et transmis à chaque gardien. A.-D. H.-G., 1Y8, *Règlement délibéré par la commission instituée par arrêté de M. le Préfet de la Haute-Garonne du 24 juin 1835.*

particulier libre de toute création et propre à chaque établissement[67]. Il sera le fruit de la collégialité des commissions de surveillance[68] et du conseil des prisons[69]. En 1839, le ministre va plus loin et répudie certaines dispositions locales[70]. Quelques mois après l'édiction du texte de 1839, nombreux règlements particuliers sont annulés[71]. Le règlement général se présente comme l'acte supérieur, obligatoire et impératif qui ne pourrait souffrir de contournement local. La volonté ministérielle n'a pas d'égale, elle est la légalité. A partir de 1841, le ministre exige clairement la production de règlements unilatéraux conforme à un modèle précis. En conséquence, les commissions perdent leur pouvoir de création. Elles ne pourront plus faire d'additions ou de retranchements aux prescriptions réglementaires de 1839. On leur reproche des tolérances et écarts graves, comme celui de « *laisser le gardien chef prendre seul des mesures de répression* »[72]. La direction ministérielle réfutera ce pouvoir arbitraire[73]. Le principe demeure celui que la répression disciplinaire n'appartient qu'au directeur et que cette répression ne

---

[67] A.-D. H.-G., 1Y6, Arrêt de la commission de surveillance de la prison de Muret sur le règlement particulier, 17 février 1842, Règlement particulier de la prison de Muret, du 19 mai 1842. Il est pris avec avis du sous-préfet et du Maire. Il expose certaines particularités locales, la réduction de la ration du pain pour les prisonniers d'une autre prison, l'interdiction de tenir allumer des lampes la nuit. Le règlement précise la nature de l'entretien des lieux par les détenus et de l'appel. Le règlement particulier établit un tarif des objets de la pistole, la quantité de soupe à donner, la possibilité de ramener ou non des produits et nourriture extérieure, la venue du barbier. On retrouve ses dispositions identiques dans le projet de règlement particulier de la maison d'arrêt de Saint-Gaudens. A.-D. H.-G., 1Y6, Règlement particulier de la prison de Saint-Gaudens, août 1843.

[68] Cf. Circulaire sur la formation des commissions de surveillance et sur l'emploi des fers et des cachots, les préparations des sexes et la suppression de la cantine du 3 septembre 1819.

[69] Pour les prisons départementales, après avis spécial du Maire.

[70] En réalité, il n'y a que très peu de contestations possibles, car les textes sont, rappelons-le, validés par la commission de surveillance, le préfet et le maire. Cela supposerait que le ministre remette en cause un arrêté rendu.

[71] Cf. Règlement général pour les prisons départementales, 30 octobre 1841.

[72] Pratique qui sera réglementée plus tard. Le règlement particulier demeure un règlement d'administration publique, fait par le chef de l'Etat sous le rapport du ministre, le Conseil d'Etat étant entendu. Il est un règlement de généralité dans son objet, avec une instruction approfondie et des informations scrupuleuses.

[73] Cf. Instruction sur le règlement général pour les prisons départementales, 30 octobre 1841.

peut créer une inégalité de la loi pénale entre les condamnés, par des mesures trop indulgentes ou trop sévères. Le règlement unique ira dans le sens de dispositions harmonisées. Ces dernières seront publiées par affichage et opposables à condition d'être lues et vues. Il faut attendre 1878 pour voir un affichage de règles dans chaque cellule et une lecture à la population totale de la prison. Ces règles publiques sont-elles pour autant appliquées ? Non. Ce droit écrit diverge des coutumes locales qui gardent force pratique[74]. Les chefs d'établissement rechignent à renoncer à leur pouvoir.

Malgré la précocité de l'obligation générale[75], on ne peut prouver une amélioration réelle du régime disciplinaire[76] mais une simple volonté de l'améliorer. La diversité départementale ajoute à la complexité du progrès disciplinaire[77]. Les maisons appliquent certes la réglementation mais avec les moyens du bord[78], peu de personnel[79] et des dortoirs communs, peu adaptés. L'architecture[80] complique

[74] On retrouve dans les règles particulières qui peuvent modifier le règlement général : la composition de la rémunération du personnel, la détermination du costume de gardien, l'établissement d'un barbier, l'organisation du travail, de l'enseignement et d'inspection. A.-D. H.-G., 1Y6, *Extrait du registre de délibérations de la commission de surveillance de la maison d'arrêt de Saint-Gaudens*, 15 janvier 1843.

[75] Ce n'est pas le cas de certaines obligations du personnel comme l'uniformité par le vêtement, *Circulaire relative à l'uniforme des gardiens*, 1er juillet 1851.

[76] La question de la réalité du régime est dénoncée depuis la genèse de la prison. Pour les années 1980, BILALIAN (D.), *Prisons : la vérité*, Presses de la cité, Paris, 1986, 214 pages.

[77] Le principe de la sanction unique efface pourtant une illusion de diversité. L'autorité locale utilise souvent les variations de durée de mise en cellule.

[78] A.-D. H.-G., 1Y6, 17 février 1843, Arrêté préfectoral de l'arrondissement de Saint-Gaudens. En 1843, l'auditeur de 1er classe du Conseil d'Etat, « sous-préfet de Saint-Gaudens, chevalier de l'ordre royal de la Légion d'honneur et commandeur de l'ordre royal américain d'Isabelle la Catholique », soumet une proposition avec avis du Maire de Saint-Gaudens. Il estime que l'intérieur des prisons doit être pourvu d'un thermomètre et que si ce dernier indique une température inférieure à zéro, il devra être installé un chauffage. Il doit être en outre produit un minimum de lumière la nuit par veilleuse ou autre.

[79] Depuis 1817, la maison de force et de réclusion accueille les hommes condamnés à plus d'une année et désormais les femmes punies aux travaux forcés et même certains condamnés aux fers ou à la détention. Elle verra son nombre accroître en France jusqu'au nombre de vingt-deux en 1870.

[80] HEDHILI-AZEMA (H.), L'influence de la doctrine française sur la politique de construction des prisons au XIXe siècle, *L'architecture carcérale, Des mots et des murs*, Editions Privat, sous la direction de F. Dieu, P. MBanzoulou, Ecole nationale d'administration pénitentiaire, p. 35-41

les choses[81] et la surveillance reste principalement défaillante faute de moyens[82]. Pour ajouter à cela, le directeur agit selon sa personnalité, sa maison, ses agents et sa population. Dans le régime de la Monarchie de Juillet, le régime devient de surcroît plus rigoureux par la suppression de la cantine[83], qui retentit comme une aggravation de la peine plus que comme une attaque contre les concierges. La règle du silence[84] prend elle aussi une tendance auburnienne[85], plutôt glaciale. Seule avancée, le directeur est devenu le nouvel ordonnateur de la loi[86] et incarne l'administration centrale[87].

Section 2. L'administration des prisons

L'administration publique des prisons est une garantie pour le détenu. Elle fait du service pénitentiaire une mission assurée par

---

[81] On compte 402 établissements à la fin de la Troisième République. Sur l'architecture, Ministère de la justice, *Architecture et justice*, Paris, 1988, 72 pages. LACHAISE (M.), *L'œil de Clairvaux : à travers les murs de la prison*, Pomponne, 2015, Paris, 132 pages.

[82] C'est aussi cette prison qui suivra la mode cellulaire proprement dite. La nature cellulaire sera modérée dès le Second Empire en quartiers distincts, aboutissant à des régimes variables disciplinaires. La Troisième République refonde le système individuel. La prison départementale se distingue des établissements d'éducation correctionnelle, réservés aux mineurs.

[83] Dispositions règlementaires extraites du Rapport de M. Gasparin au Roi, sur les prisons départementales, 1er février 1837.

[84] Les geôliers et guichetiers de l'Ancien Régime étaient dans une obligation légale de ne pas permettre les communications de quelque personne que ce soit avec les prisonniers détenus pour crimes, avant leur interrogatoire ; ceci était le cas aussi après l'interrogatoire, s'il était ordonné par le juge. Les communications entre prisonniers enfermés dans les cachots ne sont donc pas autorisées. Aucune lettre, ni billet. GHOUL (F.), *Contribution à l'étude du régime des prisons en France sous le règne de Louis XIV, 1670-1717*, Publication de l'Université de Tunis, Faculté de lettres et de droit, 1987. Cf. *Arrêté sur la discipline nouvelle à introduire dans les maisons centrales*, 10 mai 1839. CARBASSE (J.-M.), *Histoire du droit pénal et de la justice criminelle*, 3e Edition, PUF, 2014, 542 p.

[85] Régime de type solitaire, avec solitude totale installée aux Etats-Unis à la prison d'Auburn.

[86] Il conserve des compétences spéciales pour les situations d'incendie, de rébellion ou de complot. Sur la notion moderne de mesure d'ordre intérieur, P. COMBEAU, *L'activité juridique interne de l'administration : contribution à l'étude de l'ordre administratif intérieur*, Thèse de la faculté de droit de Bordeaux, 2000, 633 pages ; S. BRAJAT, *Essai sur les mesures d'ordre intérieur administratives*, Mémoire de DEA, Université de Toulouse, faculté de droit, 1988, 102 pages.

[87] Il peut au cas d'incident grave demander l'aide du maire, du magistrat, de la garde nationale ou de la gendarmerie. En tout état de cause, le directeur applique ses mesures au nom de l'intérêt général plus qu'il ne produit sa propre discipline.

l'Etat dans un cadre légal. Tous les agents agiront sans aucun intérêt personnel dans le respect d'un ordre donné. Le directeur à la tête de l'établissement ne créera de ce fait aucune règle personnelle mais effectuera de simples actes d'exécution, que seuls l'inspecteur ou le ministre pourront annuler. Dans cette situation, la puissance du chef d'établissement est rabaissée. Le directeur décide sous contrôle même s'il dirige toujours les agents subalternes. Cette position limitée explique l'intrusion de l'inspection dans les actes internes de la direction. Tout ceci n'empêche pas une liberté d'action des directeurs, qui peuvent très facilement traiter les faits comme bon leur semble. La réglementation induit en tout cas une nouvelle donne d'alimentation, de coucher, de vestiaire[88], de chauffage, de pistole ou encore de cantine[89].

§ 1. Le pouvoir répressif

En tout état de cause, la réglementation administrative fait peser une idée selon laquelle tous les employés sont subordonnés à la direction, qui s'incline, elle-même, devant l'inspecteur, le préfet et le pouvoir ministériel[90]. Dans la réalité, la direction peut user de son pouvoir de répression en toute opacité, pour modérer les observations ministérielles puisque le directeur commande, juge, décide des exceptions et des punitions à exécuter. Rien ne l'empêche d'agir au mépris des recommandations ministérielles. Cette dérive se cristallise particulièrement dans la mesure disciplinaire du cachot[91] et les

---

[88] Le vestiaire est souvent assuré par l'aide de la charité publique. Depuis 1818, il faut fournir aux détenus des effets d'habillement pour l'hiver et de l'été. Pour l'hiver, il y a des bas de laine et des chaussons de laine. Les vêtements ont une durée de deux ans.

[89] Cf. Cahier des charges de l'entreprise générale du service des maisons centrales de force et de correction, 1830.

[90] La correspondance entre préfet, maire et ministre du début du siècle est très abondante et prouve la mise en place d'échanges fructueux. Les directives ministérielles sont reçues et retranscrites sur le territoire. A.-D. H.-G., 1Y7, *Rapports des sous-préfets, maires, commissaires de gouvernement sur les prisons municipales dans le département* (An IX-1814) ; c'est aussi la période du contrôle municipal en la matière.

[91] En langage argot, le mitard, pour une vue contemporaine, LAMBERT (G.), *Le mitard, un analyseur de la discipline pénitentiaire,* Thèse de sociologie de la faculté de Besançon, sous la direction de Jean-Michel Bessette, 2014, 272 pages. PLOUVIER (E.), Les « fauves », le mitard et l'avocat, *Justice*, n° 152, avril 1997, p. 11-13

abus de cette punition [92] dite la plus redoutée par les détenus[93]. Elle représentera un conflit frontal entre acteurs centraux et locaux et deviendra vite l'arme la plus puissante des chefs de maison[94]. Le cachot est selon les dires des chefs d'établissement l'intimidation ultime qui leur appartiendrait de droit. L'Etat central cherchera logiquement à en limiter l'usage[95].

Les directeurs revendiquent donc très tôt leur liberté de répression considérant ce pouvoir comme « *une affaire particulière qui dépend du territoire, de la saison, de la maison, et qui par conséquent ne peut être décidée de manière générale* ». Malgré ces revendications, le ministre impose dès 1839 une première interprétation restrictive du pouvoir de répression personnelle. Il rejette les prétentions du directeur et entérine le danger physique de la peine du cachot [96]. La doctrine y contribue en qualifiant le cachot d'une peine à triple inconvénient ; il impose l'oisiveté, il est funeste aux mœurs et néfaste à la santé des prisonniers. Le texte restreint aussi certaines pratiques immorales comme les jeux et les prêts usuraires[97]. Toutes les pratiques répressives tendront désormais vers une même forme et trouveront source dans la volonté ministérielle. L'action de l'Etat n'en sera que parfaite si elle corrige les excès. Le texte a aussi le mérite de définir

---

92 BOURGOIN (N.), GALINDO (C.), La règle et son application : la punition en prison, *Revue de science criminelle et de droit pénal comparé*, 2004, n° 2, p. 323-337

93 Sous la Troisième République, le cachot est perçu comme un moyen extrême de punition par les inspecteurs, il ne convient pas, selon eux, d'augmenter les rigueurs par des mesures que l'humanité doit réprouver. L'administration ne souhaite pas que les maires acceptent que les détenus soient couchés étendus directement sur le sol de briques des cellules. La première règle est de fournir un matelas en laine, en étoffe, ou une paillasse, avec une couverture.

94 Avant 1839, chaque département opte pour sa propre ligne de conduite. A.-D. H.-G., 1Y6, *Règlement pour les prisons du département de la Haute-Garonne, 1er août 1835,* Toulouse, 20 pages. En 1835, à Toulouse, les peines visées par le texte pour un détenu de toutes classes et de tout sexe sont : le dépôt dans une salle de discipline, le cachot pendant un jour, le cachot pendant 24 heures et jusqu'à trois jours consécutifs. Le détenu ne peut communiquer avec personne sauf le guichetier. Il ne reçoit que le minimum de vivres et de boissons.

95 Cf. Instruction concernant la rédaction des états mensuels de situation des cachots et cellules dans les maisons centrales, 4 février 1863.

96 Le cachot est une peine dure et largement appliquée. Elle peut être considérée comme la plus utilisée des peines. Les peines inférieures doivent être préférées à l'usage du cachot.

97 Voir, CARRE (J.), *La prison des pauvres : l'expérience des workhouses en Angleterre,* Impulsion, Collection Chroniques, Paris, 2016, 537 pages.

l'infraction disciplinaire comme un « *crime ou délit qui enfreint le règlement et/ou les règlements particuliers* ». Cette infraction sera traitée proportionnellement à sa gravité. La forme sera étayée plus tard par l'arrêté de 1841[98]. La peine la plus commune demeure la *« privation »* comme mode répressif le plus doux ; elle se déclinera comme privation de nourriture, cantine, pistole, coucher, promenade, visite, correspondance ou pécule[99]. La liste laisse cependant une part de liberté aux administrations à condition que ces dernières sanctions ne soient pas inhumaines. Seule concession de taille, la durée laissée au libre arbitre du directeur. L'arrêté préfère se concentrer sur le lieu d'isolement et encadrer sa gravité[100] : « *le dépôt dans une salle de discipline* », « *le cachot pendant le jour* » ou « *le cachot pendant 24 heures et jusqu'à trois jours* ». La punition entraînera aussi des peines complémentaires : réduction des rations de nourriture, suppression de toutes boissons, tous vins et spiritueux, suppression du droit de visite. La liste des peines disciplinaires n'est pourtant pas exhaustive. De plus, si la punition est plus visible, cela ne signifie pas que les châtiments n'existent plus ou ne sont plus pratiqués. L'administration reconnaît que ces directions usent de peines archaïques. Elle dénonce régulièrement l'excès du cachot[101], distinct de la cellule scientifique[102], même si le cachot a évolué dans sa durée[103] et son

---

[98] On remarquera qu'en 1850, le règlement de la prison pour femmes de Toulouse impose par son article 40 que les peines disciplinaires émaneront de la Sœur supérieure des sœurs de Marie-Joseph. A.-D. H.-G., 1Y6, *Règlement particulier pour la maison d'arrêt de Toulouse, quartier des femmes,* 17 juin 1850, approuvé par le ministre. La sœur possède des pouvoirs étendus en matière disciplinaire et s'en remet au gardien-chef en cas de rébellion ou urgence. Elle tient un registre avec les causes des punitions, présenté à la commission de surveillance.

[99] La pratique des fers est encore dénoncée en 1917.

[100] A.-D. H.-G., 1Y8, Règlement délibéré par la commission instituée par arrêté de M. le Préfet de la Haute-Garonne du 24 juin 1835.

[101] Sur l'architecture des cachots,. GANZ (O.), DE BRUYCKER (D.), *Architecture des geôles,* Nice, 2003. Sur l'architecture des prisons, Centre régional de la photographie Nord-Pas-de-Calais, *Clairvaux* 1992-1993, Imprimerie Bahy, 1993, 64 pages. Pour une immersion contemporaine dans le monde carcéral, P. GIRARD, *Voyage à l'intérieur des prisons*, Imprimerie Duran, Paris, 1987, 149 pages. (G.-P.) CABANEL, (J.) CACHOT, (L.) CHENAIN, *Prisons, les verrous et le droit,* Editions ASSAS, Paris, 2002, 148 pages.

[102] Cf. Programme pour la construction des prisons départementales cellulaires, 1841.

[103] En ce qui concerne l'isolement par cellule, il n'y a pas d'isolement qui dépasse ce qui est préconisé par la décision judiciaire.

contrôle. En 1900, pourtant, un virage se produit, la privation, autrefois peine par excellence, laisse place à l'isolement disciplinaire, avec ou sans travail[104], ceci sous contrôle médical. L'administration de la Belle Epoque décide au passage de supprimer la mise aux fers[105], pourtant prévue par le code. La situation ne doit pas faire oublier que le détenu demeure un individu soumis à l'administration et ce sans voie de recours aucune[106]. Seul existe un contrôle interne de l'administration.

§ 2. Le contrôle administratif

Le contrôle administratif interne existe mais il est insuffisant pour garantir une vraie justice pénitentiaire. L'action du juge est en effet plus tardive et ne débute pas au moment de l'adoption en 1842 du prétoire disciplinaire. Après l'uniformisation des règlements intérieurs, le pouvoir central souhaite d'abord contrôler la procédure punitive en elle-même. La mise en place du prétoire est une simple mise en scène solennelle qui consiste à rendre publiques les décisions de l'administration. L'arrêté de 1842 crée un lieu[107], dans lequel le directeur siège et décide avec un bureau[108]. Peut-être pour forcer le directeur à dire le droit. Son efficacité est évidemment très faible et le contrôle juridictionnel ne trouvera maturation qu'en 1990[109]. La procédure légale de l'instruction du 8 juin 1842 prouve

---

104 Au même moment, le cachot semi-enterré et souterrain est rétabli dans certaines maisons. Il peut être aggravé par l'obscurité et le froid.

105 Demeure un flou pour les punis au cachot. Dans cette position, toute récidive entraînera la mise aux fers.

106 Voir, MOURON (A. S. F.), *Des actions pénales, des poursuites disciplinaires,* Thèse de la faculté de droit de Paris, 1885, Paris, 194 pages.

107 Sur le prétoire contemporain, HERZOG-EVANS (M.), Prétoire des prisons, la défense introuvable, (Cour administrative d'appel de Paris, 30 janvier 1997), *Petites Affiches*, 6 août 1997, n° 94, p. 20-24 ; DELBREL (S.), RICO (J.), *La lettre et la loi : endroit et envers du prétoire,* Institut de sciences criminelles et de la justice, Editions Cujas, Paris, 2015, pages. DONIER (V.), *La régulation par le juge de l'accès au prétoire,* Dalloz, Paris, 2013, 294 pages. GASSON (F.), Remarques sur la sanction du droit pénitentiaire, *La sanction du droit,* Mélanges offerts à Pierre Couvrat, Paris, PUF, 2001, p. 1683-1 740.

108 Cf. Instruction sur l'organisation des prétoires de justice disciplinaire dans les maisons centrales, 29 mai 1842.

109 CERE (J.-P.), Fondements et modalités des différents scenarii possibles pour la réforme de la procédure disciplinaire en prison, *Gazette du Palais*, 9 au 11 juin 2002, p. 949-957. COUVART (P.), Le contrôle du juge sur les sanctions disciplinaires en prison au siècle dernier,

cependant une volonté de procéder clairement. Après trois années de transcription du règlement de 1839, le gouvernement institue cette cour solennelle appelée barreau, qui n'a pourtant aucune équivalence avec l'action judiciaire.

La tenue de cette justice vaut contrôle. Elle se fera chaque jour en vue de dénoncer et d'énoncer la loi disciplinaire. Le prétoire est unique en son genre. Il a vocation à incarner la répression des actes graves. Les punitions autorisées y seront prononcées sur-le-champ. Toutes les pratiques répressives devront y être transposées dans le règlement particulier avant d'être prononcées. L'instruction du prétoire implique toute la maison. Elle impose une décision collégiale. Le bureau se compose pour ce faire du directeur, de l'inspecteur, de l'aumônier, de divers docteurs en médecine et pharmacie et de l'instituteur. Le prétoire qualifie l'infraction et a à sa disposition cinq punitions : *1.l'interdiction de promenade, 2.la privation de cantine, 3.l'interdiction de communiquer et de correspondre avec la famille*[110] *et les amis, 4. la réclusion solitaire avec ou sans travail et 5. la mise aux fers.* Le prétoire applique donc les punitions réglementaires. Il devient l'organe d'application des règlements généraux et particuliers. Le ministre postule ici que les commissions « *ne doivent pas se tromper sur la nature des dispositions soumises à approbation* ». Le règlement particulier doit se borner à prévoir des « *mesures de police locale et de détail* » et des mesures en vue de la tenue du prétoire. L'administration centrale impose en parallèle au directeur une obligation de rapport des punitions infligées pour en vérifier la légalité. L'inauguration du prétoire en 1842 renforce l'idée d'un contrôle de l'appareil administratif. Cette mesure s'accompagne de l'arrivée d'un nouvel agent sur le terrain, un représentant de l'administration centrale.

Revue de science criminelle et de droit pénal comparé, 1988, n° 4, p. 751-755. LANDAIS (T), L'évolution de l'action disciplinaire, Vers un contrôle juridictionnel du prétoire ?, *Revue pénitentiaire et de droit pénal*, 1990, p. 269-313.

110 La question de la famille est contemporaine, OUCHARD (G.), *Vivre la prison : des familles face à l'incarcération d'un proche*, L'Harmattan, UFRAMA, Paris, 2007, 106 pages. TOURAT (C.), *La famille à l'épreuve de la prison*, PUF, Paris, 2012, 293 pages. Les détenus de la Belle Epoque ne pourront correspondre qu'avec leurs ascendants, descendants, époux, beaux-pères, belles-mères, frères et sœurs, oncles et tantes ou tuteurs. Le directeur autorisera à titre exceptionnel, quand il le juge convenable, d'autres correspondances ou la possibilité d'écrire plusieurs fois par mois.

Le sous-directeur est installé en 1844, auprès des grands établissements en vue de suppléer la direction et de la contrôler. Le sous-directeur ne partage pas réellement la direction mais surveille tout particulièrement les actes disciplinaires. Il en consigne les faits, les motifs et formule ses remarques globales sur la maison : le coucher, le vestiaire, la lingerie, le blanchissage, le chauffage, l'éclairage, la propreté générale, les vivres et l'atelier. L'ensemble de ces observations constitue une base de renseignement pour le ministre. Sa mission est élargie à chaque préposé de l'administration et ses pouvoirs sont exorbitants. S'il le juge nécessaire, il rapporte le service fait ; il le qualifie de satisfaisant, d'« *exact par bienfaisance et intelligence* » ou de médiocre, « *erroné dans la compréhension du service* ». Son rapport cinglant compte car il peut faire renvoyer le personnel, punir ou avertir (pour fraudes, mauvaises tenues, querelles ou discussions abusives avec les détenus). Le sous-directeur possède surtout une mission de taille. Eu égard à la méfiance et inapplication des règlements, il est spécialement chargé de la police des cachots. Il dénonce à ce titre les désordres du fait des condamnés punis. Cette police, autrefois attribuée au directeur, lui permettra de vérifier la procédure, la nomination des détenus, leur identité, les motifs de la sanction, le nombre de jours passés, la forme prise par l'aggravation, avec ou sans réduction de nourriture, et la conformité des contrôles sanitaires et médicaux. Cette défiance entre l'administration centrale et locale est exacerbée en 1849[111], si bien que le gouvernement cherche à recruter un nouveau personnel mieux formé à la loi et licencié en droit, en vue des postes vacants. Elle entend insuffler une nouvelle garde et rappeler la nécessité d'une compréhension des règlements intérieurs[112]. La remise en ordre républicaine se fera à travers l'idée simple qu'il ne peut exister autant d'exécutions de peines que de directions des prisons. C'est le pouvoir exécutif qui règle l'exécution et lui seul[113]. La République poursuivra ce chemin en rejetant certaines peines comme l'exhortation, la cellule aggravée

---

[111] Cf. Circulaire confidentielle relative à la surveillance à exercer sur la conduite privée des directeurs et autres employés des maisons centrales, du 8 mars 1849.

[112] En 1866, elle recense tous les règlements édictés et toutes les mesures pratiquées par les directions.

[113] Voir, FASSIN (D.), BOUAGGA (Y.), COUTANT (I.), *Juger, réprimer, accompagner, Essai sur la morale de l'Etat*, Editions du seuil, 2013, 416 pages.

(par le retrait des chaises, tables, dans le noir), les diminutions de nourriture drastiques, les châtiments corporels au moyen de bâton. Elle obligera surtout le contrôle collégial de la punition, par l'avis du directeur et du médecin. Pour le pouvoir républicain, le directeur est « *ce luxe inutile et coûteux qu'il n'est pas toujours utile de maintenir* » au profit d'une commission de surveillance[114] qui inspectera toutes les parties de la maison, les règlements, les rapports et l'activité de l'atelier. A cette même période, s'exprime une opinion nouvelle contre la réforme des prisons. Elle supposerait que l'Etat fournirait à l'égard du sujet détenu trop de confort économique[115], une nourriture, des vêtements, un coucher supérieur à ceux des ouvriers. Pour ces observateurs, la prison est une douceur qui doit redevenir un lieu de privations[116]. Pour d'autres, la discipline n'est plus un mode de répression mais bien un moyen d'adoucir les rigueurs de la privation.

§ 3. Le progrès disciplinaire

Au gré de ces réformes disciplinaires, la prison de 1900 a changé de visage mais elle lasse le législateur et l'opinion par son inefficacité[117]. La montée des populismes ne contribue pas à l'élaboration

---

[114] A Toulouse, la commission est active depuis 1835. A.-D. H.-G., 1Y8, *Procès-verbaux de séances* instituées par l'arrêté du 24 juin 1835. A.-D. H.-G., 1Y8, *Rapport d'inspection générale des prisons du département de la Haute-Garonne, Prison de Saint-Gaudens,* Tournée 1878. Les inspecteurs remarquent par contre que la commission de surveillance n'a pas été convoquée depuis 1872.

[115] Sur la condition de vie des prisonniers, MURIE (Y.), *Les enfermés de Cherbourg*, Imprimerie Jouve, Mayenne, 2006, 119 pages.

[116] On reproche les efforts de rénovation. Nombreux sont les projets de rénovation et de réparation des maisons d'arrêt du territoire, cf A.-D. H.-G., 1Y4, *Devis des réparations à faire à la Maison d'arrêt de Muret, 4e arrondissement pénitentiaire,* 17 Vendémiaire An X. Voir aussi, A.-D. H.-G., 1Y4, *Devis et détail des travaux de gros entretien à faire dans la maison d'arrêt de Toulouse,* 11 avril 1836.

[117] Le droit disciplinaire est saisi par les universitaires : cf. CERE (J.-P.), *Droit disciplinaire en prison,* Traité de sciences criminelles, L'Harmattan, Paris, 2001, pages ; DGOFFE (M.), *Droit de la sanction non pénale,* Paris, Economica, 2000, 375 pages ; CERE (J.-P.), *Le contentieux disciplinaire dans les prisons françaises et le droit européen,* Logiques juridiques, Série Sciences criminelles, 1998, 400 pages. FALXA (J.), *Le droit disciplinaire pénitentiaire : une approche européenne, Analyse des systèmes anglais, gallois, espagnol et français à la lumière du droit européen des droits de l'homme,* Thèse de doctorat en droit de la faculté de Pau, sous la direction de Jean-Paul Céré et de Laura Zuniga Rodriguez, 2014, Paris, 185 pages ; CLAVEL-FAUQUENOT (M.-F.), MARTIGNIER (N.), RIGAUD (F.), *Droit disciplinaire,* 2004, Liaisons sociales, Paris, 2004, 98 pages ; HEZOG-EVANS (M.), *Droit de la sanction pénitentiaire,* Paris, Dalloz, 2004, 454 pages.

de politiques pénitentiaires dites coûteuses. La question pénitentiaire use et il en résulte une critique de ses institutions et de leur utilité. Cette mauvaise publicité empêche le maintien d'un régime individuel, au profit d'une politique de colonisation pénale. Le manque de budget finit d'éteindre les améliorations des structures et la suppression sèche d'établissements en fait preuve[118]. Au niveau national, on recentre surtout les efforts de réhabilitation du directeur[119]. Gérant, il est présenté comme celui qui a la « *connaissance pragmatique des détenus* ». Techniquement, sa fonction s'est accrue avec la réorganisation des régies industrielles et il maîtrise maintenant la direction des marchés et des ateliers ; il contrôle les caisses, dirige les services et conduit la bonne marche des prisons de l'arrondissement. Il est le gestionnaire économique des prisons.

Le détenu est aussi d'un genre nouveau. Il est cet individu placé sous le patronage de l'Etat qui suit une discipline « *progressive* ». L'administration recueille avant tout des informations sur son état, sa résidence, ses antécédents, sa situation de famille, ainsi que son parcours judiciaire. L'étude pénitentiaire prend tout son sens individuel[120]. Le détenu de 1900 demeure cependant un homme malmené en quartier spécial ou commun[121] dans le nid d'insalubrité que continue à être la prison[122]. La répression s'y polarise maintenant sur deux sanctions, la cellule et le système du quartier double

---

118 Il est par exemple des maisons qui seront rattachées à l'Allemagne après le Traité de Francfort, comme la maison de Ensisheim ou de Hagueneau. Ces maisons seront réintégrées après l'annexion de nouveau de l'Alsace-Loraine. Certaines maisons sont aussi converties en maisons de correction.

119 C'est à cette époque qu'apparait le contrôleur. LEHALLE (S.), *La prison sous l'œil de la société ?, Contrôle du respect de l'Etat de droit en détention en France et au Canada,* L'Harmattan, Paris, 2013, 369 pages.

120 Elle comprend le directeur, le contrôleur, l'aumônier et le greffe.

121 Dit souvent quartier d'amendement. Cf. Note jointe à la lettre d'instruction adressée le 19 avril 1868 à MM. Les inspecteurs généraux des prisons et établissements pénitentiaires par Son Excellence le ministre de l'intérieur, 1868. Elle légalise le principe de la privation et introduit le quartier de discipline double.

122 Sur l'histoire sociale des prisons, PERROT (M.), *Les ombres de l'histoire : crime et châtiment au XIXe siècle,* Flammarion, Paris, 2001, 427 pages.

de discipline et/ou d'amendement[123], issu du Second Empire[124]. On rappelle que le régime ne doit créer aucune inégalité dans la manière dont les peines sont subies. On rappelle aussi l'uniformité de la répression disciplinaire. Si des punitions sont illégales, l'administration demandera à ce qu'elles soient annulées. Le prétoire de justice existe depuis maintenant soixante-dix ans mais il n'est pas probant[125]. Il semble pour beaucoup un simulacre. La procédure y est défaillante, vestige d'une épopée ministérielle. La tenue du prétoire est parfois inexistante, dénigrée, ou infléchie par les considérations des directeurs[126]. Aucun élément ne prouve en 1900 que les directeurs convoquent leur bureau. Le ministre réaffirme pourtant en 1911 que la mise en cellule immédiate doit faire l'objet d'une convocation du prétoire et ce même, s'il n'y a qu'une affaire au rôle. Des écueils sont ouvertement soulevés. Dans le procès, les détenus sont considérés comme des « *sujets aux faibles droits de défense* »[127]. Le ministre regrette inlassablement que les détenus se voient pressés par le directeur de formuler leurs explications au cours de procédure. Les mêmes critiques s'élèvent sur la considération immédiate des réclamations après prétoire[128]. Ces réclamations passent souvent à la trappe, faute de considération. Au cours des

---

123 Cf. Circulaire portant envoi du programme des conditions réglementaires et légales que comporte le système des quartiers séparés, substitué au système cellulaire, dans les prisons départementales, 13 mai 1854

124 Cf. Circulaire sur les moyens de réduction à organiser dans les quartiers d'amendements, 2 mai 1867.

125 On évoque dans les rapports une collaboration entre fonctionnaires et agents pour « *une meilleure œuvre pénologique d'intimidation et de moralisation* ».

126 En 1902, les règlements particuliers se sont amoindris et adoucis dans leur contenu. Ils s'en remettent au règlement général de 1885 pour toutes les questions de discipline, police intérieure, régime de travail, hygiène, santé, enseignement, bibliothèque et culte. A.-D. H.-G., 1Y6, *Règlement particulier pour la prison de Toulouse,* 23 juillet 1902, Toulouse, 3 pages, 9 articles. En 1841, le règlement particulier des prisons de Toulouse contenait 26 articles. A.-D. H.-G., 1Y6, *Règlement particulier pour la prison de Toulouse, 30 octobre 1841,* Toulouse, 4 pages, 26 articles.

127 Sur la période contemporaine, S. BOUSSARD, *Les droits de la personne détenue,* Dalloz, Paris, 2013, 342 pages.

128 Ces dernières consistent à soulever de manière libre devant le directeur des points sur la bonne marche du régime ou sur une situation personnelle.

années 1910, les commissions de surveillance s'effacent même, agissant timidement pour les questions alimentaires[129]. La prison nouvelle a du mal à sortir de terre et pour cause. Les dégâts militaires et les mouvements de prisonniers ont conduit l'Etat à une réorganisation des services. Des maisons ont été transférées aux Allemands, d'autres ont été tout simplement détruites. La condition pénitentiaire se ravive par la question habituelle de l'insalubrité[130]. Les détenus sont même sollicités pour la réfection de leurs propres établissements. Dans ce désarroi, le cadre réglementaire est refondu par le décret du 26 août 1918, au profit de onze maisons centrales[131]. On signale l'indécence des lieux de détention, dépourvus d'électricité, d'installation de chauffage de gaz, de pétrole[132], d'évacuation d'eaux et de vestiaire correct. Si la direction[133] conserve son rôle, le contrôleur[134] des prisons symbolise la nouvelle voie de contrôle[135]. Dans ces prisons indignes, le pouvoir central réitère la

---

129 On signale qu'il correspond à une alimentation abondante et nutritive. Il appartient toujours au détenu de suppléer cette ration avec la cantine. Le travail et le pécule permettent de leur offrir cette option. *Cahiers des charges de mars 1890,* Ministère de l'intérieur. Certaines maisons centrales semblent toutefois enfreindre la loi.

130 Certains directeurs de maisons centrales adoptent un régime sévère de punitions dont la mise en cellule des détenus qui ont commis de graves infractions à la discipline alors qu'aucun système de chauffage n'est installé dans les cellules.

131 Voici les maisons centrales situées sur le territoire au début du XXe siècle : Auterive, Beaulieu, Clairvaux, Clermont, Doulens, Fontevrault, Loos, Melun, Nîmes, Poissy, Thouars, Montpellier, Rennes. Certaines maisons bénéficient de rapprochement, telles que Poissy et Melun, d'autres régions sont dépouillées telles le Sud et le Sud Ouest.

132 A.-D. H.-G., 1Y6, *Règlement particulier de la prison de Villefranche,* 14 janvier 1842, A.-D. H.-G., 1Y6, en 1842, le règlement préconise qu'une chambre à cheminée soit accordée aux détenus, ayant reçu une autorisation du maire.

133 Au niveau administratif, les directeurs sont chefs de leurs établissements mais aussi chefs de leurs arrondissements pénitentiaires.

134 La fonction est aussi très importante aujourd'hui, cf. Rapport d'activité - le contrôleur général des lieux de privation de liberté, Dalloz, 2009.

135 Toutes les maisons centrales sont signalées comme ayant un contrôleur excepté les prisons de Rennes et de Montpellier.

conception graduelle[136] et proportionnelle de la répression disciplinaire. Le cycle se clôture par la réglementation de 1924[137] qui synthétise un siècle de tensions sur l'identification des règles disciplinaires (1re partie) et sur la garantie des procédures afférentes à leur exécution (2e partie).

136 Ici, on relève diminution de nourriture, d'argent ou encore de promenade.

137 Dans ces schémas nouveaux, le ministre déclare solennellement que la première infraction commise doit être excusable et ne doit pas donner lieu à une peine mais à une admonestation ou un sursis. L'administration modère punitions pécuniaires, supprimant de fait l'amende et le prélèvement du pécule, sauf au cas de bris, de dégradation ou détérioration de matière. Sur l'ensemble de la législation nouvelle, cf PRAIRAT (E.), *Penser la sanction : les grands textes*, Le Forum, L'Harmattan, Paris, 2012, 312 pages.

1re PARTIE

Les règles disciplinaires

La règle disciplinaire commande la vie des prisons de la Belle Epoque. La discipline y est double. Elle se compose des actes de gestion quotidienne et des actes de répression. De manière usuelle, la discipline pénitentiaire se formalise dans les règlements[138] et implique que chaque détenu doit obéissance à la règle écrite légale. De nature réglementaire, la discipline doit être strictement exécutée par le personnel des prisons[139]. Les prescriptions disciplinaires envisagent concrètement la façon de vivre, de manger, de boire, de dormir, de parler et de travailler des détenus dans chaque maison. Les règles créeront surtout une vie institutionnelle atypique ponctuée par la règle spéciale du silence et de l'isolement. Le processus de surveillance s'y matérialisera par des actes individuels peu contrôlables. Il n'est donc pas étonnant de voir la prison produire une répression opaque, au demeurant propre à tout groupe institutionnel fermé. La répression y est changeante puisqu'elle dépend de la nature de chaque établissement[140] et crée une forme d'inégalité. Et pour cause, les infractions y sont divisées selon leur gravité (chapitre I) mais ne sont jamais définies de manière exhaustive, laissant certaines dénominations libres. Lacunaires, les règlements décriront ainsi l'essentiel des incriminations, mais toléreront des pratiques libres parfois *contra-legem*. Cette liberté de création retentit comme un écueil (chapitre II). Cette libéralité nourrira le pouvoir arbitraire des directeurs de prison.

---

[138] MALEVILLE (A.-M.), *Influence du règlement disciplinaire sur les infractions et les sanctions disciplinaires, étude sur la prison de Tarbes*, Mémoire de D.E.A., Droit pénal et sciences criminelles, Pau, 1980, 51 pages.

[139] Cf. Règlement général pour les prisons départementales, 30 octobre 1841, Paris.

[140] Il n'est pas rare en effet de voir en 1910 un local servir à la fois de maison d'arrêt, de justice et de prison pénale. Les maisons sont donc loin d'être uniformes dans leur pratique et en conformité avec les plans doctrinaux.

Chapitre I. Les infractions disciplinaires

Le principe disciplinaire pénitentiaire du début du siècle est simple. Tout détenu doit respecter le règlement des prisons sous peine d'être incriminé et puni. Toute contravention aux prescriptions des règlements entraînera donc une sanction[141] à l'intérieur des prisons. Cette règle ancienne est formalisée en 1816 par une première définition légale des infractions disciplinaires. L'infraction y dépasse la faute réglementaire[142]. Au-delà du rapport au règlement, la faute est définie comme l'acte contraire au régime et nuisible à l'institution. Au moment de la première vague de réglementation générale de 1839, le pouvoir confirme que la matérialité de l'infraction dépasse la simple contravention au règlement. Lorsque la faute n'est pas réglementaire, elle sera morale, pénale voire innomée. La gravité sera quant à elle évaluée par le directeur et se rapportera au moins à un des domaines suivants : les rapports hiérarchiques, le silence, le travail, le manger, le coucher ou la propreté[143]. L'infraction pourra alors être ordinaire voire extraordinaire[144]. Jusqu'en 1842, la classification des infractions ne sera de surcroît pas exhaustive. A partir de 1842[145], les choses changent et s'éclaircissent. Les infractions sont classées par le ministre, en deux catégories de violations *« les actes de violences et les autres actes »*. Les

---

141 Pour toute personne considérée comme apte. Le droit contemporain rappelle qu'une faute commise par un détenu atteint d'une pathologie grave doit être évaluée différemment. SILLAM (J.), *La faute disciplinaire du détenu atteint d'une pathologie grave,* Thèse de doctorat en droit, de l'université de Paris 8, sous la direction de Francine Demichel, Paris, 2004, 239 pages.

142 Le terme d'infraction est utilisé dès 1815 dans le règlement des prisons de Toulouse. A.-D. H.-G., 1Y8, *Rapport de la commission de surveillance de Toulouse*, 1815.

143 A Toulouse, l'ancien règlement prévoyait que le Maire de la Commune et le commissaire valident ces ventes. A.-D. H.-G., 1Y6, *Règlement pour les prisons du département de la Haute-Garonne, 1er août 1835,* Toulouse, 20 pages.

144 Circulaire contenant un nouveau modèle de Feuille de Cantine pour les maisons centrales, 17 juin 1841.

145 Le règlement général pour les prisons départementales est largement diffusé. Il est publié en 1841 contient 23 pages imprimées à l'imprimerie administrative Dupont. L'imprimé est dans toutes les prisons locales.

autres actes sont souvent liés à la règle du silence et au travail. Toutes les violences sont aussi aggravées pour insubordination. La classification de 1842 clôture l'échelle disciplinaire, en distinguant deux infractions précises : « *les infractions relatives à la sûreté des personnes et les infractions relatives à l'entreprise* ». La première englobe les actes affectant le bon ordre, les violences, les querelles, les voies de fait, mais aussi les désobéissances au règlement. On y retrouve les actes contraires à la décence, les mensonges et les calomnies. La seconde catégorie rassemble plutôt les actes contraires à l'intérêt de l'entrepreneur. Pour plus de clarté, notre grille de lecture consistera à séparer les fautes réglementaires (section I) et les infractions pénales (sections II). Lorsque l'infraction est constituée, elle est punie sauf si elle est un délit ou un crime, dépendant alors du régime pénal ordinaire[146].

Section 1. Les fautes réglementaires

La faute est classiquement un manquement réglementaire, de forme individuelle ou collective. Elle provient du non-respect des règlements établis et cause un préjudice institutionnel, à autrui ou au détenu lui-même. La faute réglementaire carcérale se définit comme un écart de discipline qui autorise divers degrés de correction selon la nature de la faute. Ce sont les gardiens qui déterminent la nature de cette faute puisqu'ils sont les yeux de la discipline sans être le pouvoir décisionnaire répressif[147]. La surveillance est donc une étape cruciale de la répression et une opération délicate d'identification de la faute. Le gardien a la tâche lourde de la qualification disciplinaire et la gravité qu'il identifie est spéciale à son époque.

§ 1. Les fautes graves

La faute grave ne peut être omise dans la surveillance. Elle est souvent flagrante, incontournable. Elle est une véritable désobéissance qui affecte la sûreté de l'établissement. La gravité s'y présente généralement sous la forme d'une opposition consciente à des

---

146 Sur la culpabilité pénale ; C.T.H.S., L*a faute, la répression et le pardon*, Actes du 107e congrès national des sociétés savantes, Paris, 1984, 476 pages.

147 Cf. Circulaire sur l'exécution du décret du 2 décembre 1857, sur le personnel de surveillance des maisons centrales, 10 décembre 1857.

ordres, une attitude qui met en danger le personnel ou l'établissement. Elle ne permet pas en théorie l'exécution normale de la peine et rend de ce fait le parcours pénitentiaire caduc. Le prisonnier est alors sanctionné sur le visa qu'il est réputé connaître les obligations fondamentales de son enfermement, parmi elles : la non-évasion et la non-rébellion[148]. La faute grave n'est pas celle qui consisterait à refuser de faire son lit, d'entretenir sa chambre, d'occuper sa place au dortoir, de rester propre ou d'entretenir les locaux. Elle est plus proche de la faute pénale, en tant que crime ou délit. Étonnamment, certains actes pénitentiaires sont considérés comme des fautes graves presque de nature militaire. On distinguera pour notre part, par ordre croissant de gravité, les actes de manquement et d'insubordination.

1°) Manquement au port du costume

L'obligation de porter le costume pénal est aussi ancienne que la règle du silence. Elle s'accompagne d'une coutume qui consiste à donner à chaque détenu un numéro attaché au bras droit. Etrange façon d'écrouer l'individu[149]. Le port du costume est en fait une assimilation implicite au régime militaire, réitérée en 1841. La tenue tendrait visiblement pour l'administration à favoriser un meilleur mouvement de population et une optimisation du classement des détenus. Aussi étrange que cela puisse paraître, le port du costume demeure une obligation dont l'inexécution est grave car l'habit constitue la marque afflictive de la peine[150]. Elle est la marque de la honte. Le vêtement varie rapidement vers une forme diverse, selon les maisons, les saisons et les sexes. Dans les maisons centrales, les condamnés portent en hiver une étoffe de laine ou de coton, et en été, une étoffe de toile. Les sabots sont changés tous les trois mois, depuis 1829. Les détenus sont pourvus en outre de guêtres, cravates et de trois paires de chaussons. Les femmes possèdent quant à elle

---

148 On peut y opposer la résistance à l'oppression ou la légitime défense.

149 Il y a surtout l'écrou comme registre relié, côté et parafé dans tous ses feuillets, avec recommandations et décharges sans blanc d'écriture. On reproche aux geôliers de ne pas totalement compléter les écrous ou même de créer de faux écrous, voire de délivrer des écrous sur feuilles volantes. La peine des galères menace les mauvais exécutants de l'ordonnance.

150 Il faut savoir ici que l'administration pénitentiaire voit son costume établi en 1852.

des bas. Dans les prisons départementales, les hommes reçoivent un pantalon, un gilet, une veste de laine, de fil ou coton, une chemise régulièrement changée et une paire de sabots. La prisonnière est vêtue d'une camisole à manches, d'un jupon de dessous en tissu, avec à sa disposition un fichu pour le col, un fichu pour la coiffe, une paire de chaussettes ou chaussons, un tablier de travail, des sabots, une cornette de nuit et une chemise. L'autorisation de ne pas porter les effets réglementaires ne peut être donnée qu'en mesure spéciale à des individus séparés des autres condamnés de droit commun[151]. Cette décision reste aussi révocable. En 1841, le port du costume est considéré comme une mesure favorisant la peine uniforme et s'accompagne de considérations corporelles comme les cheveux coupés à raz et en brosse. La barbe doit être aussi entièrement rasée. Depuis la circulaire du 20 mars 1868, les directeurs ne sont d'ailleurs plus autorisés à laisser les détenus se faire pousser la barbe et les cheveux[152], pour des questions hygiéniques. Les atteintes à ces règles seront sanctionnées par le port de sabots au cours des marches. La souffrance des marches avec sabots est telle qu'elle sera dénoncée en 1931 comme provoquant des blessures indignes.

2°) Manquement à la défense d'avoir de l'argent

Cette obligation est dès 1839 une défense de posséder de l'argent de poche, des liquidités ou tout simplement une partie du pécule. La possession d'argent est une faute grave car elle dénature la privation pénitentiaire et la rend impropre. Rappelons que l'argent possédé par les détenus avant leur condamnation est déposé à l'entrée de la maison au greffe et restitué à leur libération. Il est donc défendu au détenu d'avoir de l'argent sur lui, d'avoir des objets de luxe, tels que des bijoux ou des objets de valeur. Son pécule est donc sous séquestre, le détenu n'a que ce que la fourniture ou la cantine lui autorisent. La défense d'avoir de l'argent se justifie à travers la prise en charge du condamné par l'administration. Elle se justifie pour l'administration par le fait que le condamné n'est pas

---

151 En 1875, le ministre constatait déjà un infléchissement de cette obligation.

152 L'autorisation sera accordée aux détenus méritants, un mois avant leur libération.

prêt à faire une bonne utilisation de ses économies, souvent destinées à la débauche, l'alcool, le tabac, les jeux[153] ou encore les prêts à usure. Le fruit du travail ne sera utilisé à profit qu'à la libération selon la direction pénitentiaire. La privation d'argent exprime bien ici l'idée qu'aucun divertissement n'est admis en prison. En 1841, la disposition est adoucie. L'argent de poche issu « *du produit du travail ou issu du secours des parents et amis* », est autorisé dans les prisons départementales. En 1855, la réglementation évolue vers une réception possible de sommes d'argent[154].

3°) Manquement au travail imposé

Tout refus de travail sans excuse valable est une faute grave. Il sera puni depuis 1819 par une mise au pain et à l'eau, sans préjudice d'autres punitions. La raison est simple, le Premier Empire impose le travail obligatoire[155]. La Monarchie de Juillet prolonge cette idée en 1839, par laquelle le travail vient dégrever la société des dépenses occasionnées. Dans les ateliers, la besogne est pour sûr un moyen de non-oisiveté ne nécessitant pas d'industrie et d'instruction préliminaire. En aucun cas, le travail n'est une mesure de discipline pour adoucir la captivité. Le travail y est proportionné selon les forces et habilités de chaque détenu. Le refus de travailler constitue en fait un manque à gagner pour l'Etat, portant atteinte à la compensation financière du travail du détenu. Dans la réalité des faits, cette forme ancienne et pénible du travail laisse place à une nouvelle vocation ré-éducative à partir du Second Empire industriel. Pour ses promoteurs, le travail suit l'amélioration de la conduite et du sort si bien que le détenu reçoit un bienfait salvateur et rémunérateur. Le mauvais travail est alors réprimé en conséquence. Une longue liste de

---

153 Le jeu de dames est dans certains établissements autorisé comme jeu non-lié au hasard, ni à l'argent.

154 Cf. Règlement relatif aux correspondances, changements de lettres et de valeurs cotées et articles d'argent, provenant ou à la destination des individus recueillis dans les hôpitaux, ou retenus dans les maisons centrales de force et de correction, 9 octobre 1855.

155 PETIT (J.-G.), *Ces peines obscures, La prison pénale en France 1780-1875*, Fayard, Paris, 1900, 749 pages. Sur la fonction de punition de la peine moderne : OBRIEN (P.), *The promise of punishment, prisons XIXe century*, Princeton University, 1982,106 pages ; VIMONT (J.-C.), *Punir autrement, les prisons de Seine-inférieure pendant la Révolution*, CRDP, Rouen 1989, 144 pages.

méfaits est relevée comme le refus de travail et la dilapidation d'ouvrage[156]. L'insubordination et l'ivrognerie sont érigées quant à elles comme fléaux inquiétants. Dans le manquement au travail, s'imposent surtout les infractions d'atelier[157] et la mauvaise exécution[158]. Toutes ces fautes sont graves car elles compromettent l'intérêt de l'entrepreneur. Il peut s'agir de pertes, de vols de matières, de bris de métiers, de dégradations d'ouvrages, de travaux clandestins, de gaspillages, de mauvaises confections d'ouvrage, « *par la faute ou la mauvaise volonté des ouvriers* ». Les dommages sont alors constatés par l'inspecteur après rapport de l'entrepreneur et créent une immédiateté de la punition[159]. Dans le même ordre d'idée, on réprime abus de confiance et commerces illicites. En 1900, le détenu a toujours cette obligation de travail dont il ne peut se dispenser. Seule exception, les condamnés septuagénaires ou femmes enceintes qui sont autorisés à ne pas être astreints au travail[160]. L'administration reçoit par contre l'obligation de donner les moyens de l'atelier. L'idée républicaine est plus moderne. Le travail est pensé comme « *le moyen le plus propre à corriger les hommes dépravés et à diriger leurs idées* ». Si la prison de 1900 voit encore l'obligation de travail comme une façon de faire perdre les habitudes vicieuses, le travail y est une façon de faire « *naître le désir de travailler en mettant une différence entre le sort de ceux*

---

[156] Sur la notion d'industrie et de punition : NILS (C.), *L'industrie de la punition : prison et politique pénale en occident,* Edition Autrement, Paris, 2003, 218 pages.

[157] A.-D. H.-G., 1Y55, Etat des retenues sur le pécule des détenus à raison de bris, dégradations, malfaçons non excusables, défauts de tâches, amendes, Mois de décembre 1897, Modèle numéro 24, articles 81 et 84 du règlement général. On retrouve la détérioration d'ouvrage, d'outillage de corde, d'aiguille, de cruche, de quartier, de verre.

[158] Dès 1830, le mode d'apprentissage est défini dans sa durée et son mode de paiement sur proposition du directeur avec avis du Préfet, et observations de l'entrepreneur. Les condamnés qui possèdent une connaissance d'un genre d'industrie seront affectés dans cette dernière. Ils subissent un temps d'épreuve avec rapport de l'inspecteur et de l'entrepreneur. *Cahier des charges pour l'entreprise générale des services des maisons centrales de force et de correction de 1830*, Ministère de l'intérieur, Paris.

[159] Il sera demandé à la partie lésée d'être entendue et interrogée lors du prétoire, même en représentation.

[160] L'entrepreneur devra par contre offrir du travail aux septuagénaires qui en feront la demande.

qui s'occupent et de celui de ceux qui restent oisifs ». Celui qui travaille est un bon détenu qui peut bénéficier d'une meilleure condition[161].

4°) Manquement aux règles de correspondance

La non-communication est la base de l'isolement pénitentiaire. La correspondance orale y est strictement interdite. La correspondance écrite est cependant rapidement autorisée[162], comme une forme de maintien du lien familial. Historiquement, la correspondance[163] avec l'extérieur prend forme, dès la Restauration, par le biais de lettres écrites. Elle est profitable au condamné, dit-on, par ses effets moraux. La correspondance demeure pourtant un acte simplement autorisé par le directeur[164], au moment du repos dominical. Aucun condamné ne pourra écrire à un autre moment sous peine de sanction[165]. L'autorisation de la correspondance dépend aussi du comportement disciplinaire du détenu et se présente davantage comme une autorisation de bonne conduite. Les directeurs des maisons restent donc les seuls juges de la possible correspondance des détenus. Dès 1839, les condamnés ont progressivement, sauf cas de punition, la faculté d'écrire un jour par mois une ou plusieurs lettres adressées à leur famille ou leurs tuteurs[166]. Le

[161] L'administration des prisons de la Seconde République rappelle que tous les détenus ont droit à un coucher décent, une paillasse, un traversin en paille, un drap plié en deux ou de deux draps cousus. On dénonce l'insuffisance des lits, l'absence de fonds et de crédits départementaux, les défaillances de la pistole. Ces abus sont signalés ; la pistole se présente comme une pratique abusive. Les abus sont aussi dans l'usage du coucher au sol avec de la simple paille, dans le couchage à plusieurs, ou dans l'absence de tissus et de draps.

[162] Consulter pour illustration, ELVETH (D.), *Lettres de Clairvaux, correspondance d'un prisonnier*, L'Harmattan, Paris, 2008, 178 pages.

[163] Illustration de correspondances, ZAY (J.), *Ecrits de prison, 1940-1944*, Paris, Belin, 2014.

[164] En 1841, le parloir est défini comme un droit de visite à durée et condition limitées. Sauf autorisation spéciale accordée par le Préfet ou le sous-préfet, les visiteurs ne pourront communiquer avec les prisonniers qu'au parloir ou dans un local surveillé par les gardiens. Aucune nourriture et boisson. Aucun détenu de classe et de sexe différent ne pourra être admis en même temps au parloir.

[165] Cette règle date de 1836. Elle est réitérée à la Belle Epoque.

[166] *Article 29* du code pénal.

champ de la correspondance est cependant restreint[167] et le directeur procède à un contrôle des lettres « *au départ* »[168] et « *à l'arrivée* ». Les fautes de correspondance sont considérées comme graves. Pour les lettres ordinaires adressées aux proches, le directeur réprime « *toute écriture contraire aux bonnes mœurs et tous écarts de contenu constatés* ». Les détenus sont sanctionnés pour l'écriture de choses déplacées, contraires à la décence, ou qui contrastent avec leur position par rapport à la loi. Ils ne peuvent pas non plus s'entretenir sur des objets qui intéressent spécialement leur rapport avec l'administration pénitentiaire. Les détenus ne sont pas autorisés non plus à transcrire leurs réflexions politiques, frivoles ou mensongères. Les lettres politiques seront retenues puis transmises au ministre de l'intérieur[169]. Toute évocation politique demeurera une infraction qui retire le droit de correspondre, entraînant une punition supplémentaire. Les détenus gardent par contre tout loisir de parler de la morale et de religion[170], des bienfaits de la prison. Dans cette situation surprenante, le détenu est fautif s'il sollicite par ce biais le secours à sa famille. Depuis 1839, l'Etat assure en effet une prise en charge totale du détenu ; l'établissement pourvoit à tous ses besoins réels et si nécessaire en utilisant son pécule. Le secours de type familial est donc proscrit et exceptionnel[171]. Toute infraction à cette règle entraîne la punition de son auteur. Si l'on se penche sur le régime de chaque établissement, on constate que les facilités de correspondance accordées aux détenus ne sont pas les mêmes d'une prison à une autre. On constate que ces principes s'appliquent surtout pour le courrier rentrant plus que sortant. Le directeur retient parfois la lettre ou supprime certains passages gênants du courrier. Cette immixtion dans la vie intime du détenu figure le pouvoir exorbitant de l'administration pénitentiaire. Le directeur peut même en toute légalité en guise de punition renvoyer aux frais du condamné

---

[167] *Article 29* du Code pénal.

[168] Voir le Règlement du 5 octobre 1831.

[169] Cf. Décret sur les relations des condamnés à la détention avec les agents du service de surveillance, 25 mars 1872.

[170] Catalogue des ouvrages admis dans les prisons et établissements pénitentiaires, 1864.

[171] En 1841, les lettres, secours, aliments du dehors sont autorisés dans la limite du règlement de maison. C'est-à-dire que les condamnés pourront recevoir les aliments et recevoir du dehors tout autre objet autorisé en se conformant aux règlements.

les lettres reçues dont le ton n'est pas autorisé[172]. Cruel sort pour le condamné isolé. Seule exception à ce principe, les courriers adressés à l'autorité administrative ou les courriers de « *révélations* » faits à l'intention de l'autorité judiciaire qui ne souffrent d'aucune restriction. Ces lettres sont remises dans une forme particulière cachetée au greffe de la maison, sans contrôle du directeur[173].

5°) Manquement à la règle du silence

Le silence est la règle fondamentale de tous les établissements pénitentiaires. Règle absolue, elle s'impose dans tout établissement. Elle a traversé les âges, se retrouvant dans la France très contemporaine. La défense de parler entre en réglementation en 1839[174] ; elle est la faute qui consiste à rompre le silence dans la cellule, dans la salle commune, selon la configuration de l'établissement, dans un lieu privé ou de vie collective (le dortoir, l'atelier, la chapelle, le réfectoire, en état d'activité ou de repos). Il faut ici se figurer la prison comme un lieu sans parole dans lequel aucune communication n'est tolérée, ni entre les détenus et ni entre détenus et administration[175]. La loi du silence a un contenu ; elle défend à tous les individus de s'entretenir à voix haute ou basse, sauf usage réglementé, ou en signes. A ceci, s'ajoute l'interdiction de tous jeux usant de voix, de chants et de cris. Les jeux sont pour l'administration l'occasion de briser le régime silencieux. Sont interdits les jeux de cartes, les jeux de hasard, les jeux de lutte, comme tout divertissement. Sont aussi prohibés les exercices bruyants même physiques. Le triste sort du silence évite, dit-on, la corruption des esprits. En fait, les motifs résident dans la volonté de prévenir les complots. Dans son sens

---

172 En 1875, le ministre vient réaffirmer le droit de correspondance qui peut être mal exécuté sans réellement modérer les anomalies de la liberté de communiquer avec le dehors.

173 Le parloir procède de la permission de parler. Il est assuré par le gardien chef, il est le local spécialement affecté à la rencontre avec les personnes du dehors qui demandent à communiquer avec les détenus. Le garde du parloir examine les paquets apportés par les visiteurs et il s'assure que les lettres ont été vues par le directeur (qui a donné son visa). Il remet ensuite au directeur les lettres écrites par les détenus. Le parloir est sous sa responsabilité. Tout abus dans les communications lui sera imputable.

174 La règle demeure en 1854. Instruction sur l'organisation des prétoires de justice disciplinaire dans les maisons centrales, 29 mai 1842.

175 Rien ne prouve qu'il y règne un silence absolu, seules les prescriptions réglementaires le signalent.

moral, pour les promoteurs du système, le silence permet de protéger le détenu de ses compagnons[176]. Cette discipline se plie à l'organisation des lieux et le directeur prend les mesures les plus convenables avec ses collaborateurs pour la meilleure surveillance des bâtiments, des locaux de jour comme de nuit et de la distribution des préaux. En réalité, le silence est un palliatif à l'impossible encellulement de jour et de nuit. Il faut dire que la règle du silence est applicable surtout dans le régime en commun. Il n'y a que deux exceptions à son principe. Le premier cas est celui du condamné des maisons centrales autorisé à rompre le silence pour nécessité absolue, lorsque sa vie est par exemple en danger. Le détenu peut ainsi adresser des paroles orales aux gardiens et aux autres agents pour prévenir. Dans un second cas, le détenu peut parler à voix basse dans les maisons centrales pour faire valoir certaines réclamations individuelles. L'administration tolère aussi le « *parler à voix basse* » au travail. Le silence demeure en 1900 un principe républicain[177], cependant certaines voix s'élèvent pour contester son utilité. La faute est modérée par de nombreuses directions, considérant que le silence est d'exécution délicate et inhumaine. Certains directeurs autorisent d'ailleurs les conversations sans en référer au ministère qui réprime ces conversations « *odieuses, immorales et bruyantes* ». La tolérance des conversations s'adresse surtout aux contremaîtres qui communiquent avec le détenu dans l'accomplissement du travail[178]. Lorsque le silence est rompu, c'est au directeur que revient le pouvoir de sanctionner les communications du personnel avec le condamné, en évitant de laisser s'installer une familiarité de verbiage. Le directeur possède alors un pouvoir de sanction par destitution ou mise à pied. Le silence est un principe

---

176 Les prévenus réduits au silence verbal ne doivent recevoir aucune lettre ou billet avant interrogatoire ou ordonnance du juge.

177 Dans la prison de Villefranche, la conversation à haute voix est régulièrement réprimée et réinterdite en 1898.

178 CERE (J.-P.), Le Conseil constitutionnel et le travail en prison: une occasion manquée ?, *D.* 2015, p. 283-285 ; Travail en prison : réflexions sur une éventuelle application du Code du travail, *D.*, 2013, p. 760.

fondamental de surveillance, entraînant une obligation réciproque[179]. Notons qu'il n'y a pas de différence entre maisons centrales et départementales. Dans les prisons départementales comme centrales, toute réunion bruyante est formellement interdite, ainsi que toute conversation à haute voix. Or, le caractère localiste de la maison peut présupposer une application variable de l'interdiction.

6°) Manquement à l'obligation d'éducation et d'instruction

A l'origine, le régime moral des prisons consiste en l'éducation non-corrompue. La lutte contre l'immoralité[180] est d'abord une lutte contre la corruption criminelle que suscite l'emprisonnement puis elle devient une rééducation de l'individu[181]. Le grief de non-conformité à l'éducation pénitentiaire est ensuite rattaché à l'ère républicaine à l'instruction élémentaire obligatoire. Autrefois, l'instruction élémentaire était donnée sur avis de la commission de surveillance aux détenus jugés dignes. Les termes de l'obligation restaient surtout des exercices religieux et scolaires[182]. Manquer à cette double obligation d'éducation et d'instruction manifestait un comportement fautif grave du condamné, entraînant sa possible récidive. L'instruction est renforcée dès 1900, requalifiée de récompense. La classe élémentaire est dispensée par un instituteur diplômé de fin d'études, précisément du baccalauréat ; la classe s'installe comme un moyen d'apprendre les bases scolaires[183]. Au

---

[179] La règle du silence semble se relâcher autour de 1870. Elle est aussi moins appliquée dans les prisons départementales.

[180] On parle davantage de rééducation pour la période contemporaine, LACROIS (D.), *De la punition à la sanction éducative*, Anthéa, Draguignan, 2008.

[181] En 1911, l'école est considérée comme un droit. Le droit de l'enseignement est attribué à tout illettré, âgé de moins de trente ans et détenu dans une prison de longue peine. Il n'y a de limitation que dans la mesure de sanctions disciplinaires.

[182] Cette obligation est particulièrement importante pour les colonies correctionnelles. A.-D. H.-G., 1Y6, Règlement pour les colonies et maisons pénitentiaires de jeunes détenus de Marseille, 19 avril 1848 ; Règlement particulier pour la maison d'éducation correction de Toulouse, 1849.

[183] En 1902, les prisons de Toulouse prévoient que l'école est faite tous les jours de 10 heures à 11 heures par un instituteur et des moniteurs. A.-D. H.-G., 1Y6, *Règlement particulier des prisons de Toulouse*, Toulouse, 1902, 3 pages, 9 articles.

sein de la classe, d'autres règles apparaissent ; aucune correspondance ne pourra par exemple être transmise sans autorisation entre les détenus ou entre détenus et un membre extérieur à la prison. Seuls les directeurs pourront accorder une correspondance dans ces lieux. Le détenu doit bien évidemment respecter les règles de la classe sous peine de punitions.

7°) Manquement à l'exercice du culte

Les fautes cultuelles sont graves car la vie pénitentiaire s'effectue au XIXe et au début du XXe siècles en étroite collaboration avec l'Eglise. On divise cette association en deux volets distincts : le volet cultuel et le volet secours[184]. Le culte est effectivement professé dans tous les établissements[185] pénitentiaires par des ecclésiastiques. Le secours philanthropique s'en distingue. Il reste un élément fondamental du régime pénitentiaire du XXe siècle, tant sur le plan matériel que mental. L'action philanthropique est cette action quotidienne gratuite, offerte sans condition de foi, à tous les détenus. Elle est aussi l'essence du régime et sera exécutée souvent par les religieux. Elle s'incarne particulièrement sur le terrain par la présence des sœurs. La visite des prisons y trouve une part importante, elle consiste en l'humanisation des lieux et compense souvent l'absence de soins. Cette activité nous indique au passage l'état général des prisons de France. Le service de foi est autre chose, un élément inscrit dans le sens pénitentiaire français : « *la pratique permet de recevoir la salutaire influence des lois divines* ». La foi s'exprimera à cette époque pour une majorité de la doctrine comme le moteur de réforme, à travers les exercices de religion indiquée du condamné. Ceci suppose que chaque détenu ait déclaré au préalable sa propre religion même si le culte dominant demeure catholique ; le culte d'une religion dissidente est autorisé, rien n'oblige par contre les dissidents aux exercices. Dans la prison de la Belle Epoque, il faut

---

[184] L'inspection regrette que l'aumônier de la prison de Muret se borne à la messe et l'instruction religieuse sans faire de visites régulières. A.-D. H.-G., 1Y8, *Rapport de l'inspection des prisons de Muret,* Tournée 1872.

[185] Cf. Règlement général pour les prisons départementales, Paris, 30 octobre 1841.

imaginer que tout condamné doit à son entrée déclarer à quelle religion il appartient[186]. Si aucune déclaration n'est faite, c'est l'administration qui décide. L'administration vérifie ensuite toutes les déclarations de foi. La chose est importante car le détenu a le droit de correspondre avec le ministre de son culte. Le culte principal catholique connaît le plus de contrôle. Les détenus de cette foi sont tenus de suivre des exercices, pour dit-on maintenir en eux le sentiment religieux, la faculté de s'instruire et l'action régénératrice de la religion. Dans certaines maisons, le service religieux est même inscrit au règlement particulier[187]. L'absence aux offices religieux est une faute pour celui qui croît. L'absence de prière est une faute pour les condamnés catholiques soumis à l'isolement cellulaire. Les autres bénéficieront de latitude. L'administration va en effet se donner des moyens importants pour que cette obligation de culte catholique soit faite. Un aumônier sera affecté à toutes les prisons de moins de cent détenus. Une chapelle[188] sera établie dans chaque maison pour permettre l'office[189]. La messe catholique sera assurée par le prêtre de la paroisse ou le ministre des cultes reconnu par

---

[186] Cf. Circulaire qui stipule que la religion à laquelle appartiennent les jeunes détenus doit être mentionnée sur leur bulletin individuel, Paris, 14 mars 1859.

[187] C'est le cas de la maison d'arrêt de Saint-Gaudens qui précise dans son règlement du 19 mai 1842 la nature du service éducatif et religieux. A.-D. H.-G., 1Y6, *Règlement particulier de la prison de Saint-Gaudens,* 19 mai 1842. Le règlement prescrit d'abord une visite quotidienne du médecin et une obligation d'instruction élémentaire obligatoire pour les illettrés sous peine de mise à l'eau et au pain. Dispositions assez uniques. Le service divin est une chose sacrée, ainsi tout détenu qui trouble son ordre sera mis 24 heures au cachot, sous préjudice de peines plus graves. Outre les messes ordinaires, des messes extraordinaires sont célébrées pour les fêtes. Seront offerts à Toulouse, à cette occasion, un kilogramme de viande et un demi-litre de vin. L'instruction est aussi obligatoire dans les maisons d'arrêt et de justice de Toulouse. Dans ces établissements aussi, un détenu appartenant à une famille pauvre pourra bénéficier de l'aide municipale au cas de vivres défaillants. A.-D. H.-G., 1Y6, *Règlement particulier des maisons de justice et d'arrêt de Toulouse,* 5 juin 1850.

[188] Elle possédera une discipline de la paroisse ; sur le mélange entre faute et sacré, MENU (B.), *Le juste et le sacré : les territoires de la faute dans l'Egypte ancienne en Mésopotamie et dans la Bible,* L'Harmattan, Collection Droit et cultures, Paris, 2016, 216 pages.

[189] Il y a une obligation de l'assistance aux offices.

l'Etat, moyennant une indemnité[190]. Les détenus seront ainsi tenus d'assister au service divin, tous les dimanches et jours de fête. L'aumônier en accord avec le directeur fixera des heures d'office et de service religieux. C'est ce même aumônier qui surveillera le sanctuaire. Il désignera aussi parmi les détenus, avec agrément du directeur, le sacristain et les servants de la chapelle. La Troisième République inaugure une ère nouvelle et parlera plus d'une liberté de conscience comme existante « *partout en dehors de la prison comme dans la prison* », accordée aux détenus comme aux hommes libres. Le culte et la foi ne seront pas imposés par le régime républicain. Par contre, les cas d'indiscipline se réduiront toujours aux déclarés catholiques. La question se posera de savoir comment sanctionner un croyant qui refuse l'exercice de son culte. Comment sanctionner le refus de présence à la chapelle d'un détenu catholique ? La réponse est claire. Pour le régime républicain, l'autorité civile ne peut pénétrer dans la conscience d'un individu même condamné pour constater ou décider qu'il n'est pas ou plus catholique, quand bien même il aie reçu le baptême et les sacrements[191]. L'aumônier est le seul détenteur de la police dans sa chapelle[192]. Dans cette ligne jurisprudentielle, précisons que la conversion n'est pas une faute. L'administration républicaine reconnaît la faculté inaliénable de s'instruire sérieusement dans une religion anciennement ou nouvellement choisie[193]. Elle reconnaît *a fortiori* la possibilité de se faire

---

[190] A.-D. H.-G., 1Y6, *Règlement particulier de la prison de Villefranche,* 14 janvier 1842. La messe est célébrée à neuf heures les dimanches et les autres jours de fêtes reconnues religieuses. Une instruction religieuse a lieu chaque vendredi à trois heures de l'après-midi. Dans le quartier des femmes, à Toulouse, la messe sera faite le dimanche avec catéchisme. Une tenue respectueuse sera nécessaire à l'office. Les détenues seront initiées au chant d'église. A.-D. H.-G., 1Y6, *Règlement particulier pour les prisons de Toulouse,* 17 juin 1850.

[191] L'administration s'interroge : « *Un homme élevé dans le catholicisme peut-il abandonner ou changer sa religion sortir de l'orthodoxie, s'éloigner de l'Eglise* ? ». Pour une approche contemporaine, BERAUD (C.), DE GALEMBERT (C.), ROSTAING (C.), *De la religion,* Collection Sciences des religions, Rennes, 2016, 358 pages.

[192] Pour une description de l'état d'une chapelle, A.-D. H.-G., 1Y4, *Réparation par le citoyen Sarraute de la chapelle des prisons de justice de Toulouse,* 18 Thermidor An XI. A.-D. H.-G., 1Y8, *Rapport de la commission établie à Toulouse,* Toulouse, 1815, la chapelle de la maison d'arrêt de Toulouse est située au rez-de-chaussée près du préau.

[193] Cette réalité est amoindrie en 1839, suite dit-on à des reconversions abusives.

admettre en religion. L'administration assure qu'elle respectera pleinement la liberté de conscience et de culte de chaque détenu[194]. L'abjuration, si elle est répétitive, sera par contre condamnable.

8°) Actes de violence ou d'insubordination grave

Le code de 1810 préconise que si un prisonnier use de menaces, injures, violences à l'égard des gardiens et préposés ou autres prisonniers, il soit puni, surtout s'il se met en état de fureur ou de violences graves[195]. Les actes de violence ou d'insubordination sont ici les actes les plus graves. Que la violence soit physique ou morale, elle est toujours un trouble, à l'encontre d'un codétenu ou d'un agent de l'administration. La nature de la violence commise par le détenu va rapidement être mesurée par les autorités. La violence sera réprimée comme acte délinquant, voire criminel. Les violences plus légères[196] seront plutôt des querelles, voies de fait ou des actes contraires à la décence ou aux bonnes mœurs[197]. Dans le cadre des violences physiques, on considérera que les batailles communes, les agressions individuelles et les altercations[198] par intention malveillante sont graves. On admettra aussi que « *maltraiter les nouveaux*

194 Notons que toutes les prisons n'ont pas de chapelle. L'instruction religieuse est souvent l'unique célébration du culte. On relève que la messe n'est pas régulièrement officiée le dimanche.

195 Voir l'étude contemporaine, FRADET (E.), *Les répressions des violences commises par les détenus dans les établissements pénitentiaires,* Thèse de doctorat de la faculté de droit de Poitiers, sous la direction de Geneviève Giudicelli-Delage, 2001, 472 pages.

196 A.-D. H.-G., 1Y15, *Etats nominatifs de cellule, des Prisons de Toulouse,* 1895 à 1908, Dans les actes de violence physique sont recensés par les agents de surveillance de la prison de Villefranche les comportements suivants : « s'être battu pendant la promenade », « avoir frappé un co-détenu », « avoir cassé le cadenas de la porte d'un magasin de confectionnaires », « s'être battu sous le préau avec un surveillant », « s'être battu dans le chauffoir », « jet de pierre ». Les violences verbales sont relevées comme suit toujours dans la même prison : « insulte à un gardien » », « réponse insolente à un gardien », « menace verbale », « tapage » et « cri dans le dortoir ». Aujourd'hui, les violences ont évolué, Mission de recherche droit et justice, *La violence carcérale en question,* Paris, 2005, 347 pages ; KHOSROKHAVAR (F.), *Prison de France, violence, radicalisation, déshumanisation : surveillants et détenus parlent,* Robert Laffont, Paris, 2016, 675 pages.

197 Ce n'est pas le cas des agents qui peuvent avoir recours à la légitime défense contre les détenus si l'on porte atteinte à leur personne.

198 A cette défense de possession s'ajoute la défense de posséder des rasoirs, des instruments dangereux. Aucun détenu ne peut avoir à sa disposition ce type d'instrument sauf autorisation spéciale. Sur la mesure de la dangerosité, Institut de criminologie de Paris, *Peine, dangerosité, quelles certitudes,* Dalloz, Paris, 2010, 398 pages.

arrivants en exigeant des présents de bienvenue » constitue une infraction. La réglementation interdira en tout cas la violence en réponse à une violence subie[199]. L'insubordination atteint quant à elle un haut degré de gravité. Sa répression se justifie autrement car elle expose les agents à des dangers graves[200]. En parallèle, l'administration condamne de manière sévère les manquements des agents coupables d'infractions ou de conduites laissant à désirer[201]. La sanction peut aller de la révocation à la réduction de traitements, voire au changement de résidence ou retenues d'appointements. Dans tous les cas, les violences injustifiées sont réprimables dans l'espace pénitentiaire.

§ 2. Les fautes légères

La faute légère est celle qui sera de gravité inférieure. Elle est minorée vis-à-vis de la faute grave, dans ses effets car elle ne représente pas un danger imminent pour la sûreté de l'établissement. Elle traduit souvent un égarement du détenu dans son mode de vie pénitentiaire. Lorsque la faute légère est matériellement reconnue, elle se caractérise par une punition proportionnelle[202] à sa nature. Ceci signifie que le détenu est toujours puni pour désobéissance mais moins gravement. Dans tous les degrés légers, il ne peut s'agir que d'un refus d'ordre mineur, une désinvolture accessoire. Lorsqu'elle est relevée, elle est souvent traitée directement par le gardien ou

---

199 Le gardien a aussi des obligations très strictes outre celle de l'interdiction des arrestations arbitraires ; il lui est interdit d'avoir des relations d'intérêt avec les détenus, soit en leur préparant, vendant ou procurant des vivres, des boissons ou autres objets du dehors, soit en rachetant les vivres qu'ils n'auraient pas consommés. Ils ne peuvent pas non plus vendre et acheter pour leur compte leurs effets. Ils ne peuvent pas non plus accepter ou emprunter de l'argent et transmettre des lettres. Tous ces actes entraînent leur destitution. *Règlement pour le service des gardiens dans les maisons centrales de détention,* 30 avril 1822.

200 Source militaire de la fonction de surveillance pénitentiaire. Dans les motifs d'attribution des médailles, on trouve les faits suivants : « répression des faits d'évasion », « désarmer un détenu dangereux », « blessure par un réclusionnaire », « répression de rébellion ». STURMEL (P.), *Justice et discipline militaires sous la Révolution et l'Empire, la dixième division militaire,* Thèse de doctorat, sous la direction du professeur Jacques Krynen, Université de Toulouse Capitole, Faculté de droit, Histoire du droit et des institutions, CTHDIP, 1998.

201 Les détenus n'ont pas non plus à jouer le jeu de la corruption des gardes sous peine de sanctions disciplinaires.

202 Cf. Instruction sur l'organisation des prétoires de justice disciplinaire dans les maisons centrales, 29 mai 1842.

gardien chef. Tous deux peuvent agir pour prendre une mesure à l'égard du détenu, même si l'acte disciplinaire est mis à la connaissance de la direction. On relèvera ainsi que peu de fautes légères sont transcrites dans les registres. La liste ci-jointe ne peut donc prétendre englober l'ensemble des fautes réprimées par l'administration.

1°) Manquement à la propreté

Cette faute est surprenante quand on sait le caractère nauséabond des prisons du début du siècle. L'obligation de propreté existe et elle incombe étrangement au condamné lui-même, malgré ce que l'on sait de l'état pitoyable des prisons. Le détenu commet une faute légère lorsqu'il ne répond pas à son obligation de garder son lieu de vie propre. Il s'agit de faire son lit, entretenir sa chambre, ou sa place dans le dortoir, maintenir un état de propreté. Les dortoirs et corridors de la prison doivent être balayés, lavés par les prisonniers à tour de rôle comme les salles et cellules. La faute du défaut de ménage n'affecte pas la sécurité de l'établissement, c'est en ce sens qu'elle est peu punie. Ainsi, le condamné qui se refuse au service de propreté est contraint de le faire. La carence de propreté est soulevée dans les rapports mais elle n'est pas la faute courante la plus réprimée[203].

2° Manquement à la prohibition des boissons fermentées

La prohibition de la consommation de boissons fermentées débute en 1839. Elle est considérée comme dure pour le quotidien de l'isolé. Elle interdit aux détenus toutes boissons fermentées au profit d'une boisson unique : l'eau. La prohibition de l'alcool est présentée comme une protection de la santé du détenu. Il faut dire que l'usage du vin est rapidement interdit aux femmes condamnées

---

203 En 1872, les soins de propreté sont préconisés en faveur du condamné, avec amélioration de l'état sanitaire, *Circulaire relative à l'hygiène des prisons et aux soins de propreté*, 20 octobre 1872.

et aux enfants[204]. L'eau fraîche est présumée comme la boisson la plus saine pour l'hygiène des détenus. On inclut dans la fermentation, la consommation de vin[205], de bière, d'eaux-de-vie, de cidre et de toutes espèces de boissons alcoolisées[206]. Seules des autorisations exceptionnelles sont tolérées avec avis médical motivé. Au cas de faute, le garde rapportera immédiatement les faits. Il s'agira ensuite d'interdire au détenu, au cours de la cantine, la vente des boissons fermentées[207]. Cette mesure privera le détenu implicitement de divertissements et jouissances qui sont jugés affecter l'état physique et mental. La distribution de vivres ne pourra plus en comporter[208] pour éviter tout débordement, toute violence des détenus sous l'emprise des drogues. On suppose surtout que l'état d'ébriété ou d'ivresse entraîne des « *habitudes de dissipation et de débauches qui sont la cause de fautes plus graves* ». Le garde possède une forte responsabilité dans cette prohibition. Au retour de la cantine, aucun état d'ivresse n'est admis[209]. Il surveille pour ce faire la transmission des vivres. Il ne peut transférer la tenue des registres de cantine aux

---

[204] La cantine est appelée portion. Mode ancien de fourniture, la cantine est longtemps sans réglementation de prix et sans surveillance. Elle sera bientôt à tarif affiché dans les chauffoirs. La cantine connaît une très forte critique, elle se présente pour les observateurs comme un moyen de vexation et d'exaction surtout car elle autorise le vin et l'eau-de-vie. Elle est réformée au cours du XIXe siècle, faite désormais en quantité contrôlée à un tarif déterminé par le Préfet et le sous-Préfet. La cantine devient une condition améliorée utile aux prisons départementales et supervisées par l'Etat. Sous le contrôle du directeur et de l'entrepreneur, une personne préposée se chargera de cette distribution.

[205] *Règlement particulier de la prison de Villefranche, 14 janvier 1842,* A.-D. H.-G., 1Y6, il autorise à son article 11 et 12, un litre de vin aux prévenus.

[206] On relève souvent que les détenus parviennent à se procurer du vin et du tabac par fraude. L'administration locale semble autoriser ces pratiques « tolérées ». Cela signifie que les administrations locales ne s'opposent pas à ces distributions de denrées prohibées. Les sous-traitants, entrepreneurs et même médecins prescrivent ces denrées sur réclamation des détenus.

[207] Obligation formalisée en 1841. Les jeux de toutes sortes sont interdits. Le jeu est entendu dans le sens d'une occupation destinée au plaisir. La gymnastique n'est pas assimilée à un exercice de plaisir mais de maintien de l'hygiène.

[208] La condition de cantine est un avantage tout relatif. En 1844, le ministre relate la tendance des prisonniers à privilégier l'achat secondaire de beurre, pomme de terre, fruits, salade et lait au détriment du pain. Le ministre limite alors les achats secondaires à un quota du pécule.

[209] Le gardien surveille la distribution des comestibles, boissons à la cantine. Il veille à la non-délivrance de vin.

détenus, puisque au moment de la distribution, il est le seul à réprimer les fraudes. Il relève les actes de ceux qui cherchent à tromper la surveillance de la cantine en matière de prohibition. Le garde réprimera dans son service les insultes[210] au cantinier et les menaces à tout individu en charge de fonctions. En 1854, par précaution, l'administration va réitérer la seule compétence du garde, pour la tenue des feuilles de cantine dans les maisons centrales et pour la consigne des distributions alimentaires. Dans les rapports, on remarque que les gardiens peuvent être complices d'un manquement, comme « *racheter pour leur compte les vivres et boissons aux détenus* ».

3°) Manquement à la prohibition du tabac

La prohibition se complète par l'interdiction de fumer du tabac. Le tabac est proscrit dans les prisons centrales depuis 1839[211]. L'administration soutient que les détenus ne sauraient fumer dans les maisons centrales sauf motifs sanitaires. Fumer est bien considéré comme une jouissance loisible qui atténue « *sans cause* » le sort du condamné. Le tabac est *a contrario* invoqué comme une consommation dangereuse pour la santé. Le tabac, rapporte-t-on, altère de manière grave la santé et sa consommation doit être accessoire ou exceptionnelle. De plus, il produit de mauvaises habitudes d'errance mentale. Par principe disciplinaire, les détenus sont réputés ne pas posséder de tabac comme toute forme de spiritueux et ne pas en consommer. Notons que l'usage du tabac est autorisé pour les accusés et prévenus. Le trafic de tabac[212] est par contre formellement interdit.

4°) Manquements mineurs ordinaires

Il existe de nombreux faits mineurs qui pourraient entraîner une action disciplinaire. Ils tournent tous autour de quelques dénominations régulièrement transmises comme le tapage, la dispute ou encore la ricanerie. Ils sont localisés dans la cellule, le chauffoir, le

---

210 Les rapports évoquent souvent un régime cellulaire qui rend docile le détenu avec des punitions motivées par des infractions au silence, des injures adressées aux surveillants, avec menaces de vengeance contre les dénonciateurs et révélateurs.

211 On peut supposer qu'il existe dans les propositions de la cantine du début du siècle.

212 Sauf pour les prévenus, excluant les jeunes.

dortoir ou le réfectoire. On y inclut le vandalisme comme la dégradation des murs par dessins. On réprime aussi symboliquement le désordre durant le défilé du soir. Les gardes rapportent d'autres griefs : la mauvaise volonté des détenus, la paresse, la mauvaise attitude ou la dénonciation calomnieuse[213]. Les appellations divergent mais elles se rejoignent sur le point d'une sanction légère ou même d'une non-sanction.

Section 2. Les infractions pénales

Les crimes et délits commis dans les prisons sont en effet régis par l'article 29 du code d'instruction criminelle, qui oblige tout fonctionnaire des prisons à donner information sur-le-champ au procureur de tout crime et délit « *dont il aura acquis la connaissance dans l'exercice de ses fonctions* ». L'infraction pénale existe dans le monde pénitentiaire[214]. A la différence près que le déclenchement des poursuites judiciaires demeure à la charge de l'administration pénitentiaire. La procédure est simple. Le directeur dénonce par rapport auprès du ministre les crimes et délits commis dans son établissement. Lorsque l'infraction pénale est constatée, le chef de l'établissement la signale aux juridictions ordinaires. La dénonciation est un devoir de l'agent et un droit éventuel pour la victime ayant intérêt à agir. Elle fait en tout cas cesser le trouble. On peut y retrouver dénoncées des infractions pénitentiaires pures comme l'évasion ou des crimes généraux comme les meurtres, coups et blessures[215].

---

[213] Les cas de dénonciations calomnieuses sont surtout des dénonciations de violences contre les détenus.

[214] Sur les liens entre pénalité et disciplinaire, voir l'illustration militaire, Société internationale de droit pénal militaire et de droit de la guerre, *Action pénale et action disciplinaire : premier congrès*, Strasbourg, 1960.

[215] Dans notre dépouillement, nous n'avons jamais trouvé de viols dénoncés clairement par les agents comme tels. Ils sont intégrés dans l'atteinte à la pudeur ou l'acte immoral. Conformément à la *Circulaire du 7 août 1854 ;* comme tout acte d'immoralité, le viol est traité par la justice disciplinaire, non par la justice judiciaire.

§ 1. L'opportunité de dénonciation

L'obligation administrative de dénonciation des crimes et délits aux tribunaux est immédiate[216]. Cela ne signifie pas qu'elle est automatique. L'opportunité doit être immédiatement appréciée par le directeur de l'établissement. Pour le ministre, les procédures intentées doivent être mesurées pour être judiciarisées. Les procédures judiciaires lorsqu'elles sont validées doivent être mises à la connaissance du détenu, sur le fait imputable. Comme l'administration prend l'initiative des actions judiciaires, selon l'instruction du 8 juin 1842, elle sera responsable au cas d'abus ou de négligence.

1°) La rétention abusive

La rétention d'une infraction pénale par l'établissement pénitentiaire est une obstruction grave au bon déroulement de la justice. Trois motifs sont invoqués pour condamner cette attitude : l'intérêt de l'ordre, la discipline et la sûreté personnelle des condamnés. La rétention est réprimée comme une faute grave commise par le chef de l'établissement. Elle est dénoncée par le ministre dès 1854 ; ce dernier élargit en même temps ses frontières, en pénalisant la préparation du crime ou délit. Le directeur peut certes écarter les intentions et les commencements d'infraction pénale, comme le fait de *« provoquer un changement d'établissement »*, *« le fait de faire un scandale d'audience »* ou *« de créer une occasion d'évasion »*, mais avec raisons valables. L'opportunité est cependant laissée à l'appréciation du chef d'établissement.

2°) La gravité suffisante

La gravité n'empêche pas la prudence. L'information de gravité ne doit pas être erronée. Le directeur d'établissement doit écarter les doutes qui peuvent naître sur le caractère des faits dénoncés. Pour la tranquillité de l'établissement, tous les faits prévus par la loi pénale ne doivent pas faire l'objet d'une poursuite judiciaire, sauf si la poursuite est opportune. Les directions ne déféreront pas sous la

---

[216] Cf. Circulaire du 7 août 1854, portant que les crimes ou délits commis par les condamnés dans les maisons centrales doivent être dénoncés tout de suite à la justice par le directeur. L'indiscipliné léger est qualifié d'« homme irrité dont le fond n'est pas nécessairement mauvais » qui voit son sort dépendre en quelque sorte de la vision du directeur ; ce n'est pas le cas du criminel.

loi pénale tous les actes répréhensibles, sous le coup de la répression disciplinaire. Lorsque l'infraction pénale est reconnue grave, les faits sont donnés pour avis au ministère public. Ce dernier procède à des opérations d'enquête et de police judiciaire, avec ses auxiliaires. Cependant, il ne faut pas se méprendre sur l'opportunité : une infraction pénale ne peut rester impunie. Dans les cas d'une gravité non-flagrante, c'est l'autorité administrative qui traite le cas et décide du non-lieu. Le directeur doit bien discerner les actes qui dans la vie libre tomberaient sous le coup de la répression légale[217] et qui dans le régime de la détention peuvent être efficacement réprimés par la discipline intérieure. Chaque directeur va ainsi apprécier les circonstances de fait, l'intention des auteurs ou encore l'opportunité de telle ou telle répression. Si le directeur émet des doutes, il en réfère au préfet, avant de provoquer des poursuites judiciaires intempestives.

3°) La gravité pénale

Les faits qui ont une gravité pénale reconnue dans la sphère pénitentiaire sont au nombre de trois : la rébellion, l'évasion et l'incendie. Les autres faits peuvent entrer soit dans la classification disciplinaire ou pénale[218] ; il peut s'agir soit d'une atteinte à la propriété, soit d'une atteinte à la personne. On y découvre des appellations précises, comme la « *violence faite par un détenu à un codétenu qui tente une escalade ou une effraction des clôtures* », le « *meurtre perpétré par un détenu qui tente de se protéger d'un vol, d'un pillage ou d'un viol voire d'un attentat à la pudeur* ». Là aussi, l'opportunité d'élever le fait au pénal est à l'entière discrétion du directeur.

4°) La rébellion

La rébellion pénitentiaire peut se réaliser contre le juge ou l'administration pénitentiaire. Elle est une résistance à l'autorité publique, « *avec violence et voies de fait contre l'officier ministériel ou agent de*

---

[217] Cf. Circulaire portant que les crimes ou délits commis par les condamnés dans les maisons centrales doivent être dénoncés tout de suite à la justice par le directeur, 7 août 1854.

[218] Il faut noter ici certaines confusions dans les anciens règlements des prisons comme celui de Toulouse. Y sont consignées des « Dispositions pénales » en réalité disciplinaires. A.-D. H.-G., 1Y8, *Règlement délibéré par la commission instituée par arrêté de M. le Préfet de la Haute-Garonne*, 24 juin 1835.

la police agissant pour l'exécution des lois, des mandats de justice »[219]. On peut se rebeller contre des magistrats ou des agents de surveillance. Ici, l'individu qui « *frappe sans arme et sans qu'il n'y ait nulle blessure est considéré comme un rebelle* ». La rébellion est ainsi régulièrement constatée avec des comportements préparatoires, comme le jet de pierre, le lançage de boules plombées sur le gardien, la bagarre avec un gardien ou le grimage à la lanterne. Ces comportements sont aggravants. La rébellion pénitentiaire peut en outre entraîner effusion de sang, blessure ou maladie[220]. Elle se distingue par contre de la mutinerie qui est la réunion séditieuse de plusieurs insubordonnés. proche du degré militaire[221]. Considérée comme un état de révolte grave, la rébellion est dans le système pénitentiaire « *une désobéissance au caractère collectif, aggravée par port d'armes* ». Descendue en délit pénal, elle fera l'objet de poursuites par le préfet avec proposition du directeur[222].

5°) L'évasion

S'évader, c'est sortir de la prison sans autorisation administrative ou judiciaire, avec ou sans aide de l'intérieur. Cet acte est réprimé par le Code pénal[223]. Ainsi, « *toutes les fois qu'une évasion de détenus a lieu, les agents publics installés seront punis au cas de négligence ou de connivence* »[224]. Pour le condamné, l'évasion réussie n'est pas pour autant une faute disciplinaire mais une infraction pénale. En termes de procédure judiciaire, c'est le ministère public qui lance les poursuites contre un évadé. C'est aussi le ministère public qui signale aux agents de la force publique l'identité de l'évadé. C'est un crime

---

219 La rébellion est définie comme toute attaque, toute résistance avec violences et voies de fait envers les gardes, agissant pour l'exécution des lois, des ordres ou ordonnances de l'autorité publique, des mandats de justice ou jugements. La rébellion peut être selon les circonstances un crime ou un délit. *Article 209 du Code pénal.*

220 Il faut ici noter que la mort est aussi comptée comme effet de la rébellion. Il s'en suit parfois une réciprocité de l'acte.

221 Elle emprunte à l'outrage et à la violence, définis par le code d'instruction criminelle contre les dépositaires de l'autorité et de la force publique.

222 *Article 15* du Code pénal.

223 *Article 376* du Code pénal.

224 Il s'agit historiquement (sans être cumulatif) des métiers suivants : les huissiers, les commandants en chef ou en sous-ordre, la gendarmerie, la force armée servant l'escorte, les concierges, gardiens, les geôliers, et tout autre préposé à la garde ou au transport des détenus.

de fuite qui peut se produire avec bris de prison ou sans bris, avec destruction, démolition de choses, dégradation de portes, murs, fenêtres et autres clôtures. L'évasion peut toujours être grevée de circonstances aggravantes comme la violence ou toutes voies de fait commises sur les agents administratifs ou judiciaires. Progressivement, s'installe une différenciation entre deux cas d'évasion : par négligence et par non-négligence. En cas d'évasion non-négligente, le premier des gardiens a le devoir d'informer la police locale et la brigade. Son procès-verbal établi est envoyé sur-le-champ au procureur avec les circonstances de temps et de lieu pour recherches et investigations : l'état des murs et des clôtures, le signalement de l'évadé. L'évasion exprime souvent une complicité ou une négligence des surveillants passibles d'un emprisonnement de six mois avec peine afflictive. La responsabilité s'aggrave aux cas de violences ou bris de prisons[225]. En 1875, l'évasion est plus fréquente dans les maisons centrales que départementales.

§ 2. L'exception de légalité

A la Belle Epoque, les observateurs sont formels, les crimes en prison ont évolué. Les moyens de perpétrer un meurtre se trouvent désormais à l'intérieur des cellules meublées par de nouvelles armes. Le vol est quant à lui une infraction régulière et timorée comme un acte interne. Il faut donc dénoncer des actes nouveaux à la justice. Cette nouvelle forme d'infraction sera l'occasion de réduire le champ d'action des pouvoirs de l'administration en la matière. On adaptera aussi la condamnation car la pratique révèle que des condamnés commettent certaines infractions en vue de transformer leur peine en peine de transportation[226], offrant un régime juridique plus favorable. En 1900, tout crime perpétré par un détenu sera puni de la peine des travaux forcés, exécutée en prison. Plusieurs exceptions à la dénonciation vont donc être établies.

---

[225] Le bris de prison est défini par le code.

[226] La loi intervient en effet au moment où la politique se recentre sur la colonisation pénale ; les crimes et délits en prison étaient perpétrés parfois dans le but d'être condamné aux travaux forcés.

1°) Le privilège d'administration

Une circulaire du 7 août 1854 vient d'abord autoriser la compétence de l'administration en ce qui concerne certains actes de violence et de rébellion dans les prisons. Ces cas seront traités par la justice disciplinaire directement, la dénonciation par le chef d'établissement restant d'usage pour tous les autres crimes et délits. En 1883, le ministre de l'intérieur met fin à cette exception réglementaire, trop puissante. Il estime que le traitement de la violence déclarée, de la rébellion et de l'immoralité revient de droit à la compétence du juge. La loi du 25 décembre 1880 sur la répression des crimes commis à l'intérieur des prisons finit de légaliser le fait que l'administration ne puisse empiéter sur les droits de la justice. Désormais, un règlement ne pourra déroger conventionnellement à la loi.

2°) La légitime défense

La question de la légitime défense occupe de nombreux litiges. Par principe, il n'y a ni crime, ni délit lorsque l'homicide, les blessures et les coups sont ordonnés par la loi ou commandés par la légitime défense. Il est ainsi admis dans la loi de 1880 des cas de légitime défense sans poursuites légales pour les condamnés.

Chapitre 2. Les sanctions disciplinaires

Les sanctions disciplinaires sont différentes selon la nature de chaque établissement. Elles sont diverses et graduelles. Dans les maisons centrales, les infractions sont punies conformément à l'article 9 de l'arrêté de 1839. Pour les maisons départementales, la punition relève de l'article 101 du règlement général de 1841. L'instruction du 8 juin 1842 impose en outre conjointement aux deux types d'établissement une première échelle commune de peines disciplinaires légales[227]. La peine y est définie comme proportionnelle, salutaire, limitée par le seul motif de santé. On y retrouve des formes conventionnelles comme la privation de jouissance, la mise au pain et à l'eau, le cachot ou tout autre moyen d'isolement tel la mise aux fers. La peine pécuniaire n'y est pas absente, toujours associée à une peine principale. Dans tous les cas, lorsqu'une punition est décidée, sa légalité doit être contrôlée au moment de sa publication et de son exécution par le chef de l'établissement. La peine est alors publiée par le préposé dans un registre public, paraphé et transmis aux autorités centrales pour contrôle. La règle de publicité est pourtant délicate à vérifier puisque la vie pénitentiaire est parsemée d'infra-punitions incontrôlables. C'est cette répression hier invisible qui va polluer la vie pénitentiaire. Le principe demeure que l'administration pénitentiaire ne peut plus infliger aux détenus des peines injustifiées[228], « *rigueurs non-autorisées* »[229]. Depuis 1842, il n'y a plus en effet de punitions sans autorisation de l'administration. Il existe uniquement des punitions non-légales autorisées ou non autorisées. Rappelons que les punitions qui revêtent la forme de châtiment sont strictement interdites et peuvent entraîner des poursuites contre les agents. Se dessine alors une pratique pénitentiaire répressive composée de deux choses, des punitions non-autorisées (section I) et des punitions autorisées (section II).

---

227 L'aggravation de la mise aux fers est considérée comme le châtiment le plus grave.

228 *Article 611* du Code pénal de 1810.

229 *Article 615* du code d'instruction criminelle.

Section. 1. Les punitions non-autorisées

Malgré la réglementation uniforme, *in fine*, c'est le directeur d'établissement qui détient le pouvoir de punir[230]. L'administration procède dès 1839 au contrôle de son action ; il vérifie ses punitions et dénonce certaines pratiques répressives bien installées. La punition devient pour ce faire une mesure qui engage la responsabilité du directeur devant l'Etat. Seul le ministre est en mesure de minorer les décisions jugées trop répressives de la direction. La punition engage le chef d'établissement et indirectement les préposés tenus de se conformer aux instructions du directeur de prison. C'est la mauvaise direction qui est mise en cause dans le dysfonctionnement disciplinaire. À cet égard, au cours de l'année 1848, le ministre Dufaure rappelle à l'ordre les directeurs des maisons centrales qui font usage, dit-il, de « *punitions qui s'écartent des principes légaux établis* ». Ces punitions sont souvent des violences physiques pouvant entraîner la mort du condamné. Toutes les punitions non-autorisées seront désormais ciblées par l'administration.

§ 1. Les punitions corporelles

Le code d'instruction criminelle rappelle dans son article 613 que la prison ne peut porter atteinte à la dignité de la personne détenue. La prison reçoit le condamné et n'a pas vocation à le détruire. Or, nombreuses sont les violations de l'article 613 dans le processus historique pénitentiaire. La portée de l'article représente une limite aux pouvoirs de surveillance administrative et une forme d'interdiction fondamentale réitérée. La première conséquence de cette interdiction est de ne pas laisser mourir le prisonnier. Ne pas le laisser mourir de faim, de froid, mourir de sa condition quotidienne pénitentiaire. Ne jamais aussi faire que sa mort soit suite d'une punition disciplinaire[231]. Pour garantir cette décence l'administration de 1839 se penche d'abord sur le sort du détenu et en appelle à une fourniture « *sans condition* », en sa faveur. Sont évoquées les obligations d'une nourriture suffisante et saine, celle d'un coucher

---

[230] Sauf exception, le directeur est un civil, il est un ecclésiastique dans les maisons de correction ; A.-D. H.-G., 1Y39, *Règlement pour les colonies et maisons pénitentiaires de jeunes détenus de Marseille*, 19 avril 1848 ; *Règlement particulier pour la maison d'éducation correction de Toulouse*, 1849.

[231] A cette époque, rien sur la mort ou la violence psychologique.

propre[232], qui ne nuit pas à la santé[233]. S'en suit une série de prescriptions complémentaires sur le détenu cette fois puni.

1°) Le cachot insalubre

Pour assurer la dignité du détenu, une mesure première et symbolique est prise en 1819, la suppression du cachot insalubre. Ainsi, « *nul ne pourra y être renfermé pour quelque cause que ce soit* ». L'Etat qualifie la peine ancienne du cachot[234] comme inhumaine.

2°) Actes indignes

Il serait délicat de déterminer la punition équivalente à un acte indigne[235] non corporel, à l'encontre du détenu. En pratique, on recense dans ce type de punitions, « *le fait de couper les cheveux d'une femme, qualifié de mutilation sur sa personne* »[236]. La mutilation entraîne même une responsabilité pénale. Souvent, l'indignité constitue dans la pratique une mesure assimilable à la gêne[237] et à la torture[238]. La

---

232 *Règlement particulier de la prison de Villefranche,* 14 janvier 1842, A.-D. H.-G., 1Y6, les prévenus ont un sort adouci, ils possèdent une paillasse, un matelas, un traversin, des draps et deux couvertures.

233 Contrairement aux protestations populaires, la prison doit être dotée d'un logement décent.

234 Instruction sur l'organisation des prétoires de justice disciplinaire dans les maisons centrales, 29 mai 1842.

235 De nombreux témoignages contemporains soulignent le caractère indigne des prisons, RICARD (S.), *Un récit pour témoigner de l'indignité d'un système,* Futuropolis, Paris, 2012, 97 pages. Voir aussi MINET-LETALLE (C.), CARTON (O.), TACHON (R.), *De la liberté à la prison : regards croisés sur la privation de liberté,* Paris, L'Harmattan, 2016, 235 p.

236 Cf. Circulaire sur les jeunes filles détenues qui ne doivent pas être privées de leurs cheveux, 16 juillet 1863.

237 La gêne est constituée dans les prisons toulousaines en chambre. Le Préfet du département de la Haute-Garonne procède à l'adjudication d'une construction d'une chambre de gêne dans les prisons de la commune de Toulouse. A.-D. H.-G., 1Y4, *Devis estimatif d'une nouvelle chambre de gêne à établir dans les prisons de justice de Toulouse,* 5e jour complémentaire de l'An XI *; Lettre préfectorale d'adjudication au rabais, Lettre municipale sur l'adjudication de la construction de la chambre de gêne de la conciergerie. Lettre du ministre de l'intérieur,* le 17 frimaire An XI, *Paris.* La chambre sera conçue de bois de chêne d'une mesure de 3 mètres de longueur et 2 mètres 31 de largeur, pour contenir une chaise, un lit, une table est un espace éclairé par une petite fenêtre conformément au Code pénal du 8 octobre 1795 - 1re partie, article 4. Elle sera conçue dans un lieu le plus propre, attenant à l'infirmerie. A.-D. H.-G., 1Y4, *Devis et détail estimatif d'une chambre de gêne, approuvés par le ministre* le 17 Frimaire, An XI.

238 HILLAIRET (J.), *Gibets, piloris, cachots du vieux Paris,* Editions de Minuit, Paris, 1988, pages.

mise aux fers est de la même façon considérée, seulement dans la seconde partie du XIXe siècle, comme un acte indigne. Les gouvernements renonceront à cette peine d'immobilisation, substitut à la peine des travaux forcés. Cette aggravation redoutée par les détenus est supprimée définitivement en 1880.

3°) L'exposition

Elle est une punition pré-pénitentiaire. En 1848, le gouvernement provisoire sur rapport du ministre de la justice remet en cause la pratique obsolète et infamante de l'exposition publique[239]. La peine est en effet prévue par le Code pénal dans son article 22 pour quiconque aura été condamné aux travaux forcés à perpétuité ou à temps ; le condamné devra ainsi, avant de subir sa peine, demeurer pendant une heure exposé au regard du peuple sur la place publique. Au-dessus de sa tête, sera placé un écriteau portant, en caractère gros et lisibles, ses noms, sa profession, son domicile, sa peine et la cause de sa condamnation. Le législateur considère que la peine d'exposition est dégradante, portant atteinte à la dignité de la personne détenue et à sa réhabilitation. La punition d'exposition sera supprimée comme une empreinte pénale d'une odieuse nature sous la Troisième République.

4°) Les coups de fouet

La violence à l'égard des condamnés a été longtemps symbolisée par le fouet, surtout dans la pratique américaine auburnienne[240]. Les coups de fouet sont très vite dénoncés en France, par la doctrine. La prohibition générale des coups est établie par l'instruction du 22 mars 1816. Les employés de maison ne sont donc non plus autorisés à utiliser ce type de traitement dégradant à l'encontre des prisonniers, sauf au cas de légitime défense. Sont interdites toutes violences avec instruments[241], comme l'emploi de la verge et des coups de cordes.

---

[239] Cf. Décret du gouvernement provisoire qui abolit la peine de l'exposition publique, du 12 et 24 avril 1848.

[240] Aujourd'hui encore, la prison américaine inspire, DE DARDEL (J.), *Exporter la prison américaine : le système carcéral colombien à l'ère du tournant punitif*, Editions Alphil, Presses universitaires suisses, 263 pages, 2016.

[241] Propos du ministre Vaublant en 1817, « *Frapper un homme, c'est l'avilir sans le corriger* ».

5°) Les sévices

L'usage des sévices est présent dès la genèse des prisons. A l'époque post-révolutionnaire, au moment où le droit pénal autorise les châtiments, la prison en contient elle aussi naturellement. Les châtiments archaïques ne sont pas pourtant relayés dans la législation des prisons. On constate dans les faits une violence d'usage disciplinaire non légalisée. En 1817, le ministre rappelle que « *l'attitude du gardien qui frappe un homme, avilit le détenu plus qu'il ne le corrige* ». Le principe de l'interdiction des sévices[242] consiste précisément à veiller à ce que les agents ne portent pas de coups ou blessures sur la personne du condamné[243]. L'interdiction de faire violence au détenu est réitérée en 1829. On suppose ici que le respect de la règle est bancal[244]. On relève tout de même des traditions bien sordides

---

[242] Ecole française de Rome, *Du châtiment dans la cité : supplice et peine dans le monde antique*, Paris, 1984, 590 pages. CANTARELLA (E.), GALLET (N.), *Les peines de mort en Grèce et à Rome : origines et fonctions des supplices capitaux dans l'Antiquité classique*, Albin Michel, Paris, 2000, 320 pages.

[243] Cet état de fait contraste avec le principe fraîchement établi d'absence de violences à l'égard des détenus posé en 1791.

[244] Il faut attendre le décret du 19 janvier 1923 pour que le ministre pose l'interdiction absolue de faire acte de violences, même au cas de faute disciplinaire, sur la personne du détenu.

qui persistent comme le piton[245], la cangue[246], la bricole[247], l'anneau[248], la sellette[249], les ceps[250] ou la camisole de force, voire tout instrument de correction violente. En 1829, le ministre se prononce clairement pour l'interdiction de toute espèce de sévice. Il réduit la punition corporelle légale à deux modes, la salle de discipline et l'isolement pour un temps déterminé, avec gradation selon la gravité de la faute. La garantie d'exécution proviendrait de la tenue d'un registre recensant toutes les punitions infligées par les directeurs ; le registre serait présenté devant les magistrats en visite.[251]

Sous la Monarchie de Juillet, l'Etat se prononce de nouveau en défaveur des peines afflictives, préférant les peines disciplinaires d'isolement et de mise au pain ou à l'eau. S'établit dès lors une distinction entre sévices afflictifs et peines disciplinaires. Les sévices ne sont pas pour autant formellement désignés[252]. Le Règlement du

---

245 *Circulaire relative aux punitions non-autorisées par les règlements*, 21 octobre 1848. Ce qui reste délicat est que les mœurs ont changé à l'époque républicaine. Selon les observateurs de la Restauration, le piton a été introduit dans nos prisons pour remplacer et adoucir la peine des fers, ordonnée par l'article 614 du code d'instruction criminelle. Le piton consiste en un placement du prisonnier debout contre la muraille, bras et jambes liées, accrochés au mur à l'aide d'un clou ou piton. Le spectacle est généralement configuré pour le puni, mains en croix, comme pour la peine du crucifix, ou en mains rabattues. La punition est assez effrayante. Les détenus de Fontevrault ont nommé cette punition, *Le voyage de Saint-Cloud ;* les détenus d'Eysses l'appellent, *la Bricole*. Les promoteurs du piton y voient une peine expéditive car elle ne dure pas alors que les fers peuvent être prolongés très longtemps.

246 La cangue est une chaîne posée autour du cou du détenu ; les ceps enclavent en même temps les pieds et les mains. Dans d'autres pays, la cangue peut être une structure en bois porté au cou pour une durée x. Le condamné peut aussi recevoir dans certaines sociétés des coups, des soufflets, de la part de toutes personnes du village. Forme d'exposition, dans ce cas, le détenu passe la nuit en prison puis sera exposé aux insultes de la populace. Notons que le port de la cangue peut aboutir à la mort du condamné et que cette peine est souvent infligée pour des délits financiers parfois rachetés par des amendes.

247 Le piton et la bricole sont identiques.

248 L'anneau est attaché aux jambes.

249 Il s'agit du fait de s'asseoir sur une très mince barre de bois.

250 Il s'agit d'un instrument de torture, une pièce de bois pour enserrer les pieds du condamné.

251 La question du pain est très détaillée, notamment la qualité du pain, Circulaire portant invitation de faire connaître quelle est la quantité de pain délivrée chaque jour aux détenus, 17 mai 1852.

252 *Disposition réglementaire de 1829*. La cangue pouvait ressembler à l'exposition pure.

10 mai 1839 condamne d'ailleurs certaines punitions non-légales, à charge pour l'administration de démontrer qu'elles sont moins rigoureuses que la réclusion solitaire et la mise aux fers. Certaines punitions infra-légales sont admises car en dessous du seuil de violence, même si elles ne figurent pas dans les punitions autorisées. En 1845, le pas tant attendu est franchi. Sont exclues textuellement des punitions corporelles non autorisées les punitions suivantes : la bricole, l'anneau, la sellette et la camisole de force. Le piton est réduit comme un mode de lier le détenu et de le resserrer plus étroitement, sans coup de fouet, de verge ou de corde. Désormais, le directeur qui recourt à un de ces moyens commet un délit ou un crime. En 1848, la Seconde République marque une césure fondamentale en matière de répression. Elle réclame l'arrêt des pratiques de sévices et ne tolérera plus publiquement des écarts qui portent atteinte à la dignité des détenus. Elle impose « *l'interdiction d'infliger aux condamnés des punitions afflictives que les règlements ministériels n'ont pas expressément prévus et autorisés : soit cangue ou menottes derrière le dos.* » Un retour en arrière se produit cependant en 1863 sous l'Empire, par le rétablissement de la mesure des menottes et autres vexations corporelles, « *au cas de résistance obstinée d'un détenu ou excès qui exigeraient des mesures exceptionnelles* »[253]. L'Etat contrôle l'état des menottes, des fers, en vue de les mettre en adéquation avec les règles de l'humanité et de la sécurité.

6°) La mort

Aucun condamné ne peut être mis à mort ou ne devrait trouver la mort en prison. Mettre à mort ou laisser mourir serait contrevenir à l'essence du système pénitentiaire. Ici, toutes proportions gardées, le droit pénitentiaire ne suit pas la courbe du droit pénal extérieur qui autorise la peine de mort. La mort du détenu arrive pourtant

---

[253] La *Circulaire du 20 mars 1869* demande aux directeurs et gardiens l'interdiction d'user modérément des fers, menottes, camisoles de force en dehors des prescriptions légales et réglementaires. La circulaire précise aussi que la mise aux fers peut constituer une mesure plus ou moins rigoureuse suivant la forme et le poids des engins ; certains sont considérés comme de véritables instruments de torture.

fréquemment en prison[254]. Lorsqu'elle est constatée par procès-verbal, elle doit être justifiée par l'administration[255]. Les gardiens chefs et les directeurs sont d'abord tenus d'informer le ministère public du décès de tout prévenu ou accusé remis à sa garde. La mort ne se conçoit que de deux façons, la mort naturelle ou la mort par maladie et non comme un acte volontaire du fait du prisonnier ou du personnel. L'état de maladie est cependant censé être pris en charge par l'infirmerie établie dans chaque prison sur ordre du médecin. En dernier lieu, le prisonnier est translaté en hospice. Dans ce cas, l'autorité administrative vérifie que le détenu est sérieusement malade et réintègre la prison après guérison. L'atteinte à la vie d'un prisonnier est autre chose, elle est grave et ne peut être admise que dans une seule hypothèse particulière : l'exercice du droit de défense légitime[256]. En cas de révolte ou rébellion, le gardien peut en effet faire usage d'armes. Cette situation d'urgence exige une procédure préalable. Les gardes possèdent pour ce faire des sabres, des tire-balles entretenus par les gardiens eux-mêmes, ainsi que des carabines. C'est le gardien chef qui prend en charge le bon usage des armes et évite toute faute de négligence. Le gardien rend compte après et sur-le-champ de son acte, de la situation jugée susceptible de compromettre la sûreté de la maison.

Outre cette hypothèse, le décès du condamné[257] intervient souvent par suicide[258]. Notons que le directeur d'établissement doit transmettre un bulletin de décès au préfet de manière trimestrielle

---

[254] La commission de Toulouse relève en 1817 que la première cause de mort est le non-renouvellement correct de l'air. A.-D. H.-G., 1Y8, *Rapport de la commission de surveillance de Toulouse du 20 mai 1817*.

[255] Cf. Instruction sur la constatation des décès des condamnés dans les prisons, 7 avril 1856.

[256] *Circulaire d'ensemble du 20 mars 1868* ; le gardien qui entre dans une cellule ordonne au détenu de se placer au fond debout, les mains pendantes et n'ouvrira désormais la porte qu'après s'être assuré que le condamné est dans la situation voulue, pour éviter toute tentative de meurtre.

[257] Cf. Circulaire sur la déclaration de décès des détenus à faire à la Mairie, 7 août 1843.

[258] L'isolement cellulaire en question, Instruction au sujet des mesures qui doivent être prises à l'égard des détenus placés dans les cellules ou chambres individuelles, 12 avril 1866. *Circulaire au sujet des mesures qui doivent être prises à l'égard des détenus placés dans les cellules ou chambres individuelles, 21 octobre 1866*. L'isolement a une influence fâcheuse. Instruction et envoi d'un nouveau modèle d'état, 12 août 1871.

et faire état des suicides intervenus. L'administration préconise en 1877 de donner les moyens aux administrations d'apporter les soins immédiats aux détenus ayant tenté de se suicider[259], avec l'aide des médecins, pour les sauver[260]. Les moyens de secours sont les suivants : couper la corde, desserrer rapidement le linge, porter le malade à l'air, le placer tête haute, frictionner fortement la poitrine, faire avec la main sur la poitrine alternativement et sur le ventre de légères pressions pour établir un mouvement analogue à celui qui se produit par la respiration, chercher à provoquer un vomissement introduisant un doigt dans la bouche, appliquer la bouche sur celle du malade entrouverte et respirer fort, pour introduire de l'air dans sa poitrine sans se décourager jusqu'à l'arrivée du médecin. En 1881, l'administration est chargée d'une surveillance spéciale afin de détourner les détenus du suicide[261]. L'administration est censée protéger les détenus dont l'état moral donnerait lieu à des projets contre eux-mêmes. Le suicide du condamné, lorsqu'il est constaté, exige enfin le respect de certaines règles de dignité. Le détenu décédé doit être entouré de services funèbres et ce, depuis 1878[262]. Dans toutes les maisons, le ministre demandera que les ministres du culte se conforment à la célébration des cérémonies religieuses. Il préconise la présence du directeur, de l'inspecteur et l'accompagnement du corps par certains détenus jusqu'aux portes de la prison. Le ministre ajoutera en 1883 que le détenu ne peut être exclu des lieux de sépulture publique comme si « *il subissait une peine d'outre-tombe* ». La condamnation est effacée par la mort du détenu.

§ 2. Les punitions non-corporelles

Lorsque le prisonnier est dans les mains des gardiens, il peut subir des punitions non-corporelles et non-autorisées. Le gardien a

---

259 Cf. Lettre aux inspecteurs généraux au sujet des travaux qu'il paraîtrait utile d'exécuter afin d'enlever aux détenus tout moyen matériel de suicide par suppression, 7 avril 1864.

260 Cf. Règlement général pour les prisons départementales, 30 octobre 1841.

261 Il est interdit pour ce faire depuis 1841 de laisser les détenus avec des rasoirs et aucun instrument tranchant sauf autorisation spéciale de la commission de surveillance et dans les prisons départementales avec autorisation spéciale du Maire.

262 Est établi un bordereau spécifique pour le décès avec les dossiers d'enquête, A.-D. H.-G., 1Y20, *Bordereau du Ministère de l'intérieur*, 14 novembre 1891, avec minutes et lettres d'annonce de décès. Les dossiers sont très sommaires.

pourtant la garde immédiate et légale des détenus avec, dit-on, une attention sur son sort. Ces dérives sont difficilement contrôlables, souvent verbales. Les gardiens qui violeront ce principe seront menacés de suspension. Cet acte est souvent qualifié de négligence, d'indécence voire d'inhumanité.

1°) Les injures

En 1839, l'Etat rappelle qu'au cas de répression disciplinaire, le gardien ne peut faire de menaces verbales au prisonnier. Il est simplement autorisé à avertir par signe le condamné ou à l'appeler par son nom. Cette prévention vise toutes formes de violences provenant des agents[263]. Il est strictement interdit aux gardiens d'injurier les détenus et d'exercer auprès d'eux une quelconque violence. De manière ordinaire, il est interdit au gardien d'avoir une conversation indécente contre des détenus contenant des dénominations injurieuses, des tutoiements ou un langage grossier ou familier, sauf dans le cas de légitime défense. Il est de surcroît interdit de faire toute rigueur autre que celle autorisée, aucun mauvais traitement, ni outrage verbal[264]. Aucune injustice.

2°) Le vol

Jamais un agent public ne peut spolier le condamné, de sa propriété, de ce qu'il détient au moment de sa détention ou dans sa cellule. La pratique montre pourtant que la puissance des agents publics les amène souvent à ne pas respecter cette règle, soit en exerçant des bakchichs, soit en développant des trafics ou menaces au moment de la distribution de la cantine. Les agents ont pourtant l'obligation de ne pas prélever arbitrairement sur le patrimoine des prisonniers, leur argent, leur pécule, leurs vivres, leurs vêtements, sans autorisation de la direction. Aucune punition ne peut non plus

---

[263] ERNEST LULLIER (C.), *Mes cachots*, Paris, 1881. RASIN (F.), Variétés, Aperçu historique sur la maison centrale de détention de Beaulieu et sur les avantages du système d'administration adoptée pour les maisons centrales, *Annales d'Hygiène publique et de médecin légale*, Tome Sixième, 1831, page 192.

[264] Rappelons ici que l'outrage aux bonnes mœurs est caractérisé davantage dans un écrit lorsque ce dernier est fait avec ou sans conscience de son auteur. L'écrit peut d'ailleurs être obscène et/ou contraire aux bonnes mœurs.

supposer une atteinte au patrimoine du condamné. L'administration et les détenus ne sont pas plus autorisés à spolier un nouvel arrivant sous prétexte de bienvenue.

Section. 2. Les punitions autorisées

Les punitions autorisées sont celles contenues dans le règlement intérieur de 1839 et l'instruction de 1842. Le règlement particulier d'ordre et de discipline de chaque prison peut compléter ces punitions après visa du ministre, sans en changer la véritable nature[265]. Les commissions de surveillance peuvent donc amender certaines dispositions générales mais de manière limitée[266]. Rappelons que le directeur de l'administration pénitentiaire se réserve l'examen et l'approbation du règlement produit par les autorités locales[267]. En matière de sanction, l'absence de règlement particulier entraîne l'autorité absolue des règlements généraux et la compétence limitée des commissions, maires et directeurs en la matière.

---

[265] Le règlement particulier reste un texte officiel même s'il est de confection orale. Le règlement de la maison d'arrêt de Villefranche est par exemple imprimé le 8 septembre 1845, signé par le ministre Duchatel. Il est imprimé à l'imprimerie Douladoure et comprend 27 articles. Il peut illustrer le modèle parfait de règlement particulier. Pour la maison d'arrêt de Saint-Gaudens, le règlement particulier est distribué à tous les membres de la commission de surveillance, au Préfet, au Maire, au procureur du roi et au premier président du tribunal civil, A.-D. H.-G., 1Y6, *Règlement particulier de la prison de Saint-Gaudens,* 19 mai 1842. Il remplace le *Règlement pour les prisons du département de la Haute-Garonne, du* 1er août 1835, considéré comme plus sévère. A.-D. H.-G., 1Y6.

[266] Pour illustration d'un projet très détaillé de règlement particulier, A.-D. H.-G., 1Y6, *Projet de Règlement particulier des prisons de la Haute-Garonne,* 30 juillet 1835. Le projet réel sera publié et imprimé sous le titre de *Règlement pour les prisons du département de la Haute-Garonne.* Il est validé le 1er août 1835 par le préfet Barennes. Il a pour visas : l'article 605 du code d'instruction criminelle, l'arrêté ministériel du 8 mars 1810, mais aussi des textes locaux comme l'arrêté du 22 Prairial An VIII sur la police des prisons de la Haute-Garonne. A.-D. H.-G., 1Y6, *Règlement pour les prisons du département de la Haute-Garonne, 1er août 1835,* Toulouse, 20 pages. Le règlement particulier y est défini comme un moyen de pallier les malheurs, accidents et indisciplines.

[267] Le ministre vient régulièrement sanctionner des règlements particuliers. A.-D. H.-G., 1Y6, *Lettre du Préfet de la Haute-Garonne au président de la commission de surveillance des prisons de Toulouse,* du 7 juin 1842, Toulouse : « *j'ai soumis ce règlement à l'approbation de M. Le ministre mais il vient de m'être renvoyé pour être mise en harmonie avec les nouvelles données de la circulaire du 27 mai 1841. En conséquence, je vous adresse ... un exemplaire de la dite circulaire* ». En l'espèce, le règlement particulier cité n'a pas reçu l'aval et observations du Maire de Toulouse, A.-D. H.-G., 1Y6, *Lettre du Préfet au Maire de Toulouse,* 22 janvier 1842, Toulouse.

Avant l'exécution d'une punition, un acte préalable peut intervenir, un avertissement général émis par le gardien, à haute voix[268].

§ 1. Les punitions corporelles

Le haut du tableau des peines corporelles est occupé par le cachot simple ou aggravé, avec ou sans fers[269]. Toutes les autres punitions paraissent moins dures vis-à-vis de cette peine. La majorité des détenus redoute sa prononciation. Régulièrement, le ministre relève les précautions qui doivent être prises dans l'application de la peine du cachot ainsi que l'insuffisance des rapports trimestriels[270] qui sont transmis aux commissions en ce domaine. En 1842, le ministre réitère l'obligation du préfet d'obtenir les premiers jours du mois un résumé des quatre rapports trimestriels relatifs à la peine de cachot et autres privations[271]. Il est par contre formellement interdit depuis 1869 de procéder à cette punition contre les enfants[272] dont l'éducation a été confiée à l'administration pénitentiaire. Toute infraction à ces prescriptions réglementaires par les gardiens et préposés sera considérée comme faute grave et cause de destitution.

---

268 En principe, il est défendu aux gardiens sous peine de destitution d'adresser la parole ou de répondre aux condamnés, si ce n'est pour le service. La règle est aussi républicaine, *Décret du 25 mai 1872, sur les relations que les condamnés ont avec les agents du service de surveillance.*

269 Le caractère individuel de la punition est mis à mal au cas d'insuffisance numérique de cachot.

270 Les rapports des directeurs contiennent les renseignements sur la discipline en général, l'état des travaux industriels, l'état moral des détenus, l'état sanitaire de l'établissement et le service de l'entreprise. *Circulaire contenant les nouvelles instructions pour la rédaction des rapports trimestriels des directeurs des maisons centrales*, 22 avril 1841.

271 Dans la gradation disciplinaire, les privations plus dures sont celles de contact ou de marche libre par la mise aux fers. Le cachot peut être aggravé par la peine de la mise aux fers. Sur la question contemporaine, CERE (J.-P.), PECHILLON (E), Le contrôle du placement à l'isolement : une nouvelle étape dans la formation du droit pénitentiaire, *Revue pénitentiaire et de droit pénal*, 127e année, 2003, n° 2, p. 389-406 ; CERE (J.-P.), Le nécessaire contrôle du pouvoir disciplinaire dans les prisons françaises, *Revue de science criminelle et de droit pénal comparé*, Juillet septembre 1994, n° 3, p. 597-611.

272 TOURNIER (P.V.), Jeunes en prison, *Revue pénitentiaire et de droit pénal*, 1er avril 1994, p. 135-159, sur la mesure du temps carcéral pour les enfants en matière contemporaine.

1°) Le cachot

Le cachot est une peine ancienne qui a traversé les âges. Il constitue un isolement ultime dans la peine carcérale. Il est hérité de l'Ancien régime, comme « *caveau sordide dont la situation est au-dessous du niveau du sol, qualifié d'insalubre, sans air, ni lumière* ». Le secret en est une variante plus hygiénique qui autorise une sortie d'air libre. Le ministre réclame dès 1819 la suppression du cachot insalubre et recommande au préfet de n'utiliser ce procédé qu'au cas de violence grave après autorisation du maire[2]. Dans la pratique, les cachots salubres demeurent d'un usage fréquent et restent nommés cachots même au-dessus du sol. Depuis la Monarchie de Juillet, la mise au cachot et la mise aux fers se justifient uniquement pour les cas graves comme les atteintes aux mœurs, les vols, les actes de dévastation, les violences, les rébellions[273]. Le cachot est remplacé par la simple mise en cellule, qui pourra être prolongée par les tribunaux. Lorsque la punition est décidée, la cellule ne peut être insalubre. La peine ancienne est définitivement interdite comme châtiment affectant gravement la santé du condamné. La vérification de cet état demeure difficile. Pour ce faire, une police des cachots est spécialement attribuée aux inspecteurs. Le régime du cachot est comme suit. Lorsque le détenu y est puni, il est considéré comme sans travail. La société ne lui doit plus rien. Ainsi, les dépenses occasionnées par sa situation disciplinaire sont portées à son débit, compte tenu de son absence au travail. Il est doublement puni et présumé « en cessation » par sa faute. Cette situation entraîne la suppression de ses droits. Il payera ses propres frais de détention par son pécule. La punition du cachot engendre une condition spéciale et une tenue particulière[274]. La punition rétrograde le mode de vie du détenu et ne permet plus au prisonnier d'avoir un lit de paille, ni un confort de nourriture ou de blanchissage[275]. Il faut noter que depuis 1838, l'administration refuse que les détenus soient simplement installés

---

273 Cf. Instruction sur l'organisation des prétoires de justice disciplinaire dans les maisons centrales, 29 mai 1842.

274 Il dormira d'abord dans une paillasse matelassée ou paillasse piquée.

275 Cf. Règlement général pour les prisons départementales, 30 octobre 1841.

sur une paille, voire sur le dallage ou un sol sans plancher[276]. La cellule disciplinaire n'est pas non plus admise pour les détenus malades ou d'état fragile. Elle est exclue formellement pour des septuagénaires, les femmes enceintes pendant les trois derniers mois de leur grossesse, souvent placées en infirmeries. On exige aussi un lit de camp en bois pour tous les condamnés. Le coucher sans lit est appelé punition de « *franc carreau* ». Au point de vue médical, la mise à l'isolement ne prive en tout cas pas des soins[277]. Les infirmes ne sont pas admissibles au cachot[278].

2°) L'isolement

L'isolation est une nouvelle voie plus douce de répression dans les établissements dotés de cellules[279]. Contrairement au cachot d'origine, l'encellulement est préconisé en cellule, en salle ou en quartier depuis la Monarchie de Juillet. L'encellulement est organisé en quartier double (amendement et redressement) dès le Second Empire[280]. En 1853, les autorités décident que les peines pour crimes commis dans les maisons centrales seront subies désormais

---

276 Si la prison est dotée de dortoir, le détenu n'a plus de couchette avec un fond sanglé en 1829, mais un matelas de laine ou de crin et des draps et couvertures. Les latrines établies dans l'intérieur des dortoirs et des chambres sont supprimées depuis 1819, vidées et lavées deux fois par jour. Les murs sont grattés et blanchis à la chaux, tous les ans, les bois des lits tous les ans.

277 Dans chaque prison est établie une infirmerie, qui dépend d'un officier médecin de santé qui fait des visites régulières aux malades. Il vérifie l'état de santé des détenus. Le malade reçoit un conseil et des vêtements spécialement affectés à lui ainsi que des ustensiles. Il fait des préparations faites avec le pharmacien. *Règlement général pour les prisons départementales*, 30 octobre 1841.

278 Ces cas sont d'ailleurs traités de manière plus douce. Le couchage des personnes fragiles demande un lit de bois, une paillasse, deux matelas, un traversin, une couverture d'été ou deux couvertures en hiver.

279 Le procédé de l'isolement est une variante de l'incarcération individuelle qui est dénoncée par certains auteurs comme un mode nuisible de détention. L'isolement de type philadelphien est nuisible au détenu au point de vue sanitaire. La cellule a produit pour ces hygiénistes des maladies graves dans lesquelles les maux de poitrines, le scorbut, l'hydropisie, les rhumatismes, l'enflure des jambes, la mélancolie, l'affaiblissement des facultés et la folie. Sont mis en cause par les médecins la superficie des cellules, l'absence de mouvements musculaires, l'absence de circulation, l'aération, l'isolement social et le silence. Voir aussi, P. COMBESSIE, *Sociologie de la prison*, Nouvelle Edition, La Découverte, Paris, 2004, 318 pages ; J.-M. DELARUE, D. CHOLET, *Les nouvelles prisons : enquête sur le nouvel univers carcéral français*, PUF, Rennes, 2015, 366 pages.

280 Il désigne un isolement dans un lieu où les déplacements des individus sont autorisés.

dans une cellule seule. La cellule se présente comme un puissant moyen de répression pour les désordres graves, batailles ou insoumissions manifestes[281]. La mise en cellule devient progressivement une peine en soi, plus douce que le cachot, mais qui entraîne toujours une oisiveté coupable. La cellule devra en tout cas être préservée de l'humidité, desservie par un couloir de surveillance et un préau. La punition use tout de même des caractères d'aggravation de l'ancien cachot. L'encellulement peut être, si besoin est, obscur, sourd, avec ou sans porte et volet. Il faut signaler pourtant que dans certaines maisons, il n'existe pas de cellule. L'usage est impossible et les punitions sont mutées en privation[282]. Quand il existe, l'encellulement isole de la vie ordinaire comme épreuve de moralisation. L'autorité centrale met en place les garanties légales de cette punition[283], en exigeant de fait une publicité obligatoire[284].

---

281 La qualification d'insoumission revient dans les dossiers contemporains disciplinaires, Voir le cas du détenu Tissandier, A.-D. H.-G., 1Y1, *Correspondance sur le dossier du détenu insoumis, Tissandier,* 31 novembre 1907. Voir la réflexion contemporaine sur la responsabilité des détenus, I. DENAMIEL, *La responsabilité du détenu dans la vie carcérale,* Bibliothèque de droit, L'Harmattan, 2006, 123 pages.

282 Cet adoucissement de la punition de fait n'est pas à négliger. Il se retrouve dans la prison de Muret de la Haute-Garonne. L'inspection déplore qu'elle ne possède pas de lieu de punition, ce qui change la donne du cachot. A.-D. H.-G., 1Y8, *Rapport de l'inspection générale des prisons de Muret,* 1872. Le préfet indique qu'il suffirait d'établir un cachot et une salle de discipline. Ainsi dans tous les états nominatifs de cellule de la période de 1895 à 1908, la maison d'arrêt de Villefranche, la prison de Saint-Gaudens et la maison d'arrêt de Muret ne comptent aucune mise en cellule. On appelle ces états « négatifs ». A.-D. H.-G., 1Y15, *Etat des détenus placés en cellule des prisons de la Haute-Garonne* de 1895 à 1908.

283 Ceci se traduit par la publication des états nominatifs. Pour illustration, les états nominatifs de la circonscription toulousaine sont au nombre de quatre. A.-D. H.-G., 1Y15, *Etats nominatifs des détenus de la maison de correction de Toulouse placés en cellule pour le mois de février* 1894, on y retrouve 8 détenus, punis de 1 à 10 jours de cellules. L'état est présenté par le gardien le 1er mars 1894 pour des faits remontant à février 1894. L'état nominatif est un imprimé du ministère conformément à la circulaire du 12 avril 1866. Les motifs de justification du cachot sont divers. A.-D. H.-G., 1Y21, *Lettre de justification du directeur de l'administration pénitentiaire au Préfet pour 15 jours d'encellulement contre M. Mathe,* 31 août 1910 : « *Mathe est un indiscipliné qui dans un livre qui lui a été confié et qu'il a mis hors d'usage, a écrit ses théories anarchistes, ses menaces contre les agents, ses chansons ouvrières* ». Depuis la législation de 1875, l'encellulement est devenu une mesure favorable souvent refusée pour cause d'antécédents judiciaires. A.-D. H.-G., 1Y13, le cas de M. Jézaguel, demande effectuée le 17 juillet 1902 ; pour le directeur des prisons de Toulouse, la demande ne peut aboutir vu les antécédents de vol du condamné et vu le difficile amendement du coupable.

284 Cf. Circulaire portant que les condamnations prononcées pour les crimes commis dans les maisons centrales seront subies en cellule, du 23 février 1853.

Les jours d'encellulement devront être contrôlés[285]. La cause est simple. Les détenus punis ne doivent pas voir leur séjour dépasser la limite légale sans autorisation préalable ministérielle. Le ministre procède en parallèle à un contrôle de la vétusté de la cellule et du renouvellement de l'isolement. La durée qui s'écoule entre l'isolement et le prononcé de l'infraction doit être déduite de la peine[286]. Des limites médicales enfin se dessinent. Les détenus ayant subi une punition de salle de discipline de plus de huit jours sont par exemple vus par le médecin dans la cellule de punition deux fois par semaine[287]. La punition est suspendue si le médecin signale que « *la continuation serait de nature à compromettre la santé du détenu* ». Le directeur possède en outre un pouvoir extraordinaire de 90 jours de

---

[285] La tenue des états d'encellulement est plutôt rigoureusement suivie. Elle nous permet de découvrir la nature des fautes commises pour encellulement souvent redondantes, A.-D. H.-G., 1Y15, *Etat des détenus placés en cellule dans les prisons de Toulouse pendant le mois d'août 1894*, A.-D. H.-G., 1Y15, *Etat des détenus placés en cellule dans les prisons de Toulouse pendant le mois de septembre 1894 à mars 1895,* on recense les motifs suivants *:* s'être battu pendant la promenade (5 jours), mauvaise volonté au travail (3 à 12 jours), refus d'obéir (10 jours), insultes au gardien (6 jours), mauvaise volonté de travail et réponses inconvenantes aux gardiens(3 à 5 jours), avoir frappé un codétenu (6 jours), s'être battu dans le préau (1 jour), s'être battu dans l'atelier (3 jours), avoir troublé l'ordre dans le dortoir (3 jours), l'atelier ou le préau (1 jour), avoir fumé dans le dortoir (2 jours), avoir trafiqué des vêtements (3 jours), jet de pierre à l'extérieur (1 jour), actes immoraux au chauffoir (10 jours), injures au directeur (15 jours), bavardage au chauffoir (2 heures). En octobre 1894, deux punitions sont remarquables. On relève 1 mois de cellule pour avoir troublé l'ordre du dortoir pour Paul Lareyre. Eugène Lanel aura une punition indéfinie en décembre 1894 pour avoir cassé le cadenas placé sur la porte du magasin et troublé l'ordre du réfectoire. A partir de mars 1895, une mention « *jusqu'à nouvel ordre* » est utilisée pour les fautes suivantes : avoir jeté des boules plombées sur la tête du gardien, réponses inconvenantes envers le gardien de service, dégradation à la porte de la cellule et désobéissance, mauvaise attitude au prétoire. Quatre détenus en septembre 1895 sont punis aussi sans date de sortie pour calomnie et dénonciation. La menace au gardien est punie en juillet 1895 d'un jour de cellule. Une constance des qualifications se poursuit ; A.-D. H.-G., 1Y15, *Etats nominatifs des mises en cellule pour l'année 1898 à 1901,* avec parfois une trentaine de qualifications plus précises, comme la soustraction frauduleuse d'objet.

[286] Cf. Circulaire sur l'état des cachots et des cellules, 30 mai 1860.

[287] A.-D. H.-G., 1Y14, Minute du directeur de la 28e circonscription pénitentiaire qui autorise la prolongation de la mise en cellule de punition de Jules Fougeroux, conformément au règlement du 11 novembre 1885, jusqu'à ce qu'il consente à travailler, 1er août 1893, Toulouse. En l'espèce, le condamné a refusé de travailler dans l'atelier de polissage du marbre. La procédure a permis au médecin de constater l'absence d'infirmité, de difformités ou lésions justifiant le repos. Le condamné est qualifié de « paresseux ». A.-D. H.-G., 1Y4, Lettre du ministre du directeur de la direction pénitentiaire au Préfet , 28 juillet 1893, Toulouse.

cellule maximum[288]. A partir de 1877, on remarque que la punition cellulaire se durcit[289]. On y ajoute des aggravations sévères comme la cellule ténébreuse, avec ou sans camisole, avec fers ou menottes. En 1880, on retire aussi des fournitures de coucher les couvertures ; on occulte la fenêtre par un volet. La mise en cellule est alors redoutée parce qu'elle entraîne une mise au pain à sec[290]. En 1900, curieusement, la cellule disciplinaire redevient un simple régime de séparation, voire un régime de faveur demandé par les condamnés. Les individus séparés des autres ne sont plus astreints à un régime spécial mais au régime général, bénéficiant de conforts ordinaires, de promenades, de travail et de cantine. La cellule s'oppose maintenant à la salle de discipline considérée comme un harassement physique. Elle est régulièrement demandée comme une faveur.

3°) La salle de discipline

La salle de discipline provient d'une réflexion sur la substitution du cachot et la recherche d'une intimidation équivalente. Dès 1846, une étude relate les effets[291] comparés du cachot et de la salle de discipline. Les avis des directions divergent démontrant que les maisons qui disposent de salles de discipline ne l'utilisent parfois pas car elles introduisent des usages aussi durs que le cachot ; on citera

---

288 A l'époque contemporaine s'est développée une réflexion sur la réduction des risques dans les prises de décision. G. CLIQUENNOIS, *La réduction des risques et la responsabilité dans la prise de décision des établissements pénitentiaires français pour peines*, Thèse de doctorat en sociologie, sous la direction d'Antoinette Chauvenet, EHESS, 2009, 554 pages. B. TRAYNARD, *Psychiatrie en milieu pénitentiaire, cas particulier du quartier disciplinaire et de son impact sur la santé mentale,* Thèse d'exercice de Médecin, Lille II, sous la direction de Catherine Adins-Avinée, 2010, 146 pages.

289 La cellule préserve aussi l'ordre. Certains gardiens la réclament car déclarant que leur vie est régulièrement en danger. A l'inverse, d'autres directeurs constatent que l'isolement de jour et de nuit est une pure théorie qui doit être considérée comme inexécutable. Dans les motifs, l'idée revient que l'homme ne pourrait résister à un tel isolement pendant plusieurs années, perdant toutes les habitudes sociales. Il sortirait de sa cellule comme un sauvage et serait peu apte à rentrer dans la société. La réclusion solitaire est aussi considérée comme un moyen inutile qui ne corrige pas.

290 Dans nos dépouillements, des états des prisons toulousaines, seule la maison d'arrêt publie des états positifs. Cela ne signifie pas forcément une défaillance de publicité dans les petites prisons rurales. On découvre dans nos recherches que certaines prisons ne possèdent ni cellule, ni cachot. Elles ont donc un régime plus doux de fait mais pas de droit.

291 Cf. Demande de renseignements sur les effets qui résultent de la mise à l'isolement des détenus, 24 juin 1872.

la marche en sabot alternée avec un repos d'une immobilité complète sur un dé de bois, avec pieds fixés ou mains fixées aux genoux[292]. La salle de discipline est pourtant une alternative plus douce pour ces promoteurs. Elle fonctionne de la façon suivante. Les individus punis en salle de discipline sont réunis sous la surveillance permanente d'un ou de deux gardiens, dans un local de dimension proportionnée aux nécessités de la répression. L'administration centrale exige un local de 15 mètres cubes d'air par individu. La salle disciplinaire apparaît comme un espace mis à part, ni trop proche des dortoirs, ni trop éloigné. Le puni y alternera alors marche et repos dans un silence absolu. La nourriture y sera d'une ration de pain et d'une soupe par jour. Le régime est strict et toute infraction en salle de discipline sera punie sévèrement.[293]. La sanction à la salle de discipline est, précisons-le, toujours décidée devant le prétoire. En 1923, l'administration interdit dans son enceinte, la mise au pain sec car la punition entraînerait *« un affaiblissement général et une cérébralité morbide »*. Le pouvoir central exige par ailleurs que les détenus ayant subi une punition de salle de discipline de plus de 8 jours soient vus par le médecin dans la cellule de punition deux fois par semaine[294]. La punition est d'ailleurs suspendue si le médecin signale que « *la continuation serait de nature à compromettre la santé du détenu* ». En 1900, le placement fait toujours intervenir le directeur qui délibère avec l'inspecteur, l'aumônier et le greffier, sans que ceci ne cesse de soumettre le détenu aux règlements communs[295]. L'admission au quartier de préservation se fait aussi sur avis motivé. Le quartier de préservation a pour but de « *ramener au bien, et de soustraire*

---

[292] Le surveillant peut ici surseoir en constatant que le détenu a des ampoules aux pieds.

[293] Il s'agit bien souvent de chauffage inopérant, qui ferait tomber la température à 4 ou 5 degrés.

[294] A.-D. H.-G., 1Y14, Minute du directeur de la 28e circonscription pénitentiaire qui autorise la prolongation de la mise en cellule de punition de Jules Fougeroux, conformément au règlement du 11 novembre 1885, jusqu'à ce qu'il consente à travailler, 1er août 1893, Toulouse.

[295] Cf. Circulaire sur les renseignements aux individus placés dans les quartiers de préservation et d'amendement, 2 novembre 1867.

un détenu au contact corrupteur des plus dangereux »[296]. La salle de discipline[297] quelle que soit sa nature n'est pas automatique.

4°) Les châtiments physiques

Ils consistent en ceps et autres instruments de coercition. Le fer est réservé aux prisonniers condamnés dans les cas prévus à l'article 624 du code d'instruction criminelle. La mise au fer est modérée en 1863 et devient illégale à partir de 1880.

5°) La mise au pain et à l'eau

Dans le régime ordinaire, le détenu bénéficie d'un régime alimentaire minimum[298]. A l'origine, le détenu a droit au pain, à une portion de soupe, un bout de paille, un blanchissage et un habillement. La suppression de la ration de pain et de l'eau est d'autant plus grave qu'elle n'est pas à la base en elle-même importante[299]. La ration qui doit être égale pour chaque condamné n'est pas distribuée[300] en cas de punition. Il faut tout de même noter que le régime de 1839 se durcit dans les prisons départementales, la cantine devient un régime très strict de pain et d'eau, interdisant toute vente

---

[296] Cf. Instruction ayant pour objet de constater les récidives parmi les individus sortis des quartiers de préservation et d'amendement du 26 mai 1868.

[297] La commission de surveillance de Toulouse rappelle dans son examen du règlement pour les prisons du département de 1835 que la salle de discipline doit être blanchie à la chaux. Elle est une alternative à la mise au secret sous la responsabilité du gardien.

[298] Le règlement particulier prévoit souvent que le détenu ne pourra cuisiner, que les détenus mangent à heures fixes, sur place, avec une distribution de pain à la sortie du dortoir. La soupe grasse peut être accompagnée de produits importés. A.-D. H.-G., 1Y6, *Règlement particulier de la prison de Villefranche*, 14 janvier 1842.

[299] Le pain des prisons se compose de froment et de seigle ainsi que d'orge. La ration de pain est d'une livre et demi puis de deux livres en 1820. La ration s'évalue à 16 ou 17 centimes. La ration d'un litre de soupe substantielle est composée de sel, de beurre, de deux onces de pain et d'une quantité suffisante de légumes verts ou secs. La soupe coûte généralement 8 centimes. Les deux prestations reviennent à 3 centimes par jour et par détenu. La soupe est faite de telle sorte que la distribution ne se fait qu'après une cuisson de 24 heures, avec des mesures strictes de propreté.

[300] La soupe est servie chaude et préparée dans un local non-éloigné. La quantité évoluera vers une livre et demi de pain de ménage et deux onces de pain blanc pour la soupe toujours chaude. Une fois par semaine, les détenus bénéficient d'une soupe grasse le matin, suivie le soir d'une soupe de viande, pommes de terre et légumes secs. En 1830, l'évolution est notable car le pain se compose de farine de froment de bonne qualité. Les détenus ont aussi une portion de riz par semaine.

de viande et de ragoût. Seuls le fromage, le beurre et l'eau sont autorisés. Le détenu qui commet une infraction disciplinaire se prive de la ration substantielle, prévue par la loi. La punition ne doit pas tout de même dégénérer en privation totale. Si elle dégénère en abus et qu'elle se prolonge trop, elle altérera les forces de l'individu. La loi l'interdit. C'est au médecin de contrôler le nombre de jours propres à appliquer, pour que la punition ne porte pas atteinte à la vie du condamné.

6°) Le resserrement avec mise aux fers et séquestration

La séquestration est utilisée en cas de fautes graves, rébellion, menace, injure, fureur, sur ordre des fonctionnaires avec l'aide du maire, du commissaire et du préfet. Elle s'accompagne d'un resserrement avec mise aux fers[301]. Dans les prisons départementales, il y a deux autorités compétentes pour ordonner que des détenus soient étroitement gardés ; l'article 613 du code d'instruction criminelle désigne conjointement l'autorité municipale et l'autorité judiciaire. La police municipale est sollicitée pour réprimer les désordres graves, les évasions et les actes de violence. Le ministère public et le juge d'instruction peuvent requérir contre certains détenus une surveillance plus particulière. Lorsque la ségrégation est ordonnée par le directeur de prison, elle ne peut l'être que pour un temps illimité. La sanction obéit à des règles de proportionnalité[302]. Il y a une limite à ce que peut infliger un directeur en matière de séquestration conformément à l'article 614 du code d'instruction criminelle. Il ne peut infliger que « *selon son bon plaisir et pour un temps illimité* ». Le directeur doit respecter les garanties légales et les règles d'humanité, sauf à en référer aux tribunaux, si les troubles persistent. Le directeur peut maintenir la sanction, au cas d'état de fureur et de violence continue, mais il ne peut changer arbitrairement la

---

[301] En 1875, les rapports rappellent que c'est à tort que dans certaines des maisons de justice, on applique les fers indistinctement à tous les condamnés aux travaux forcés attendant leur transfèrement. La *Loi du 30 mai 1854* complète l'article 15 du Code pénal. La mesure peut être prise à titre de punition disciplinaire ou dans l'intérêt de la sûreté sans préjudice de l'emploi de moyens autorisés par l'article 614 du code d'instruction criminelle.

[302] Mélanges M. Vitu, *Droit pénal contemporain*, Mélanges en l'honneur d'André Vitu, Cujas, Paris, 468 pages.

nature de cette peine et enfreindre la loi. La séquestration doit cesser dès qu'elle prend le caractère d'une peine afflictive et d'un excès de pouvoir.

7°) Le cumul des peines judiciaires

L'évadé est le seul à encourir automatiquement une double peine dite disciplinaire et judiciaire. Son évasion lui fait encourir une peine de six mois à un an d'emprisonnement. Sauf dérogation, l'évadé subit sa peine doublement, après expiration de celle primitive, ou immédiatement après son acquittement ou absolution[303].

8°) Les punitions dites autorisées

Ces punitions corporelles sont en principe permises si elles sont moins rigoureuses que les peines déjà existantes. L'autorisation de 1842 permet aux directeurs d'appliquer des punitions autres que celles prescrites par le règlement, différentes donc de la réclusion solitaire et de la mise aux fers. Les directeurs ont utilisé cette faculté pour mettre en place des punitions officieuses, devenues finalement officielles comme la salle de discipline.

§ 2. Les punitions non-corporelles

La liberté de création des punitions disciplinaires est contrôlée dès 1842 par le préfet et le ministre. Elle résulte des conflits en matière de règlements intérieurs. Le directeur doit faire état des mesures extra-légales prises dans ses rapports, surtout des punitions les plus graves infligées, celles par exemple qui entraînent la mise en cachot pendant plusieurs mois. Dans son rapport, le directeur doit justifier les circonstances qui peuvent altérer la décision : la saison, l'état de santé du détenu, la conduite habituelle, les mœurs, le travail, le comportement disciplinaire, les exigences de la maison. Les punitions sont dans tous les cas transmises et approuvées par le ministre. Deux règles existent. La liberté de création des directeurs est limitée surtout en matière de punitions corporelles. La privation totale et définitive de quoi que ce soit n'est pas admise.

---

303 *Article 365* du code d'instruction criminelle et *article 24* du Code pénal.

1°) La suppression de la pistole

L'existence de la pistole est la conséquence d'une mauvaise qualité du couchage pénitentiaire. Elle est un avantage payé. La pistole est ce procédé de location de chambres communes ou séparées, garnies de lits, dans lesquels les détenus couchent moyennant un prix de location. Les lits se payent par mois entre 4 francs et 10 francs. Les lits deux places sont d'ailleurs plus chers à 15 francs[304]. La pistole n'est accessible qu'aux condamnés, ayant une certaine fortune en vue de se soustraire à la couche en commun et se fait sans transparence, en l'absence de règlement et de surveillance active. C'est en ce sens que l'administration réclame bientôt une fourniture publique du coucher pour mettre fin à ce profit. La pistole demeure dans certaines prisons un complément légitime. Sa suppression se fait comme une perte de jouissance.

2°) La suppression de la cantine

Le second confort est celui de la cantine. La cantine est une consommation de produits extérieurs, moyennant un prix sous contrôle de tables de tarifs. La cantine reste une institution ancienne qui contient pour les observateurs de la Révolution et de la Restauration une quantité d'abus. Source de vexations et d'exactions[305], la cantine est laissée d'abord au bon vouloir des concierges[306]. Dans les prisons pour peines, la cantine est rapidement décriée comme un avantage uniquement offert aux prévenus. La suppression de la cantine est une punition de taille. Elle est associée d'ailleurs à la mise au bouillon ou au pain sec. Elle n'est pas comparable au cachot, ni à la suppression d'une partie du pécule.

3°) La suppression des jouissances privées

La suppression des jouissances est une privation courante. Le gardien l'officialise en annotant sur une feuille donnée au greffe la

---

304 Pour une illustration du fonctionnement local de la pistole, A.-D. H.-G., 1Y6, *Règlement particulier pour les prisons de Toulouse*, 11 pages, 36 articles, 19 mai 1842.

305 Cf. Instruction sur le régime intérieur des prisons départementales, 22 mars 1816.

306 Le concierge a intérêt à vendre car il fait du profit. Il vend à des prix qui ne sont pas vérifiables et parfois immodérés. Cette immodération n'est pas susceptible de recours. La cantine entraîne aussi de véritables désagréments comme des avances sur salaire qui sont lapidées en quelques heures.

privation de tel ou tel service. Il s'agit généralement d'une privation lourde psychologiquement : privation de promenade dans le préau, de visites[307], de communiquer ou de correspondre avec ses parents et amis, privation de travail. Les privations évoluent sous forme d'amendes. Pour certains établissements, la réprimande[308] est une prévention avant le prononcé de la privation[309]. On réprimande surtout à haute voix, avec gestes et menaces. Lorsque la réprimande n'est pas efficace, la privation tombe[310]. Elle peut s'étendre à des objets comme le retrait de vivres supplémentaires, de pain, la privation de lecture, la privation de conférences[311]. A partir de 1900, la privation se précise comme la privation de visite un jour par semaine pendant un mois ou la privation de correspondance pendant deux semaines. La privation de visite est la plus sévère pour les prisonniers des maisons départementales qui n'ont droit aux visites[312] que sur ordres spéciaux[313].

---

307 A Toulouse, les visites sont très réglementées dès 1835. La mise au secret supprime dans son règlement le droit de visite. A.-D. H.-G., 1Y8, *Règlement délibéré par la commission instituée par arrêté de M. le Préfet de la Haute-Garonne,* 24 juin 1835.

308 L'admonestation est une réprimande plus accentuée, plus dure.

309 La réprimande est une sanction disciplinaire dont l'usage existe dans les professions policières, de garde et militaires. La réprimande est utilisée en vue de réprimer un officier qui a commis une infraction même légère à la règle du service. Dans les fautes légères, on remarque l'usage de l'amende en tant que peine pécuniaire.

310 Pour Guizot, la réprimande est une action extérieure, individuelle et passagère. Son origine est celle d'un droit de famille dit naturel, celui d'un père sur son fils. GUIZOT, *Nouveau dictionnaire universel des synonymes de la langue française,* numéro 199, 1859, 5e Edition, Revue et considérablement augmentée, Première partie, Imprimerie Chez Bonaventure et Ducessois, p. 107.

311 Il faut noter aussi que cette privation entraîne la privation de bibliothèque. Pour une approche contemporaine BABINET (B.), BOURGEY (C.), JOMIER (R.), *Des bibliothèques en prison, carnets de santé,* Paris, 2015, 109 pages ; VEMEUIL (A.), TERRUSSE (M.), *La bibliothèque : une fenêtre en prison,* Association des bibliothécaires de France, Collection Médiathèmes, 2015.

312 Cf. Circulaire sur les permissions de visiter les maisons centrales et le registre à tenir par le directeur, 14 juin 1836.

313 Cf. Règlement spécial pour les prisons départementales soumises au régime de l'emprisonnement individuel, 1875.

4°) La retenue du pécule

Le pécule est la portion du produit du travail du détenu, dont le tarif correspond à son classement. Ce tarif est divisé en deux parties égales : la masse de réserve et la portion disponible au sein de sa captivité. La retenue du pécule est une amende déguisée, validée par le préfet et le ministre, qui réduit ou annule le pécule. Le condamné qui subit cette sanction est dès lors considéré comme portant atteinte à l'intérêt du trésor et de l'entrepreneur. Les particuliers lésés pourront aussi réclamer un dû. Le directeur reste en fait libre de provoquer ou non les retenues pécuniaires[314]. C'est lui qui apprécie l'opportunité de ces mesures. Il ne peut s'en dispenser si le détenu n'a pas effectué son travail. Il n'y a ainsi pas d'excuses légales en la matière. C'est le ministre qui précise en 1844 les cas d'infraction pouvant motiver des retenues individuelles sur le pécule[315]. La retenue peut être prononcée au cas de bris ou détérioration de matières. Les retenues sur le pécule peuvent aussi être prononcées au cas de dégradations[316] ou de dégâts dans l'exercice du travail. La ponction reste proportionnelle et personnelle. Elle ne frappera pas de la même façon les détenus ayant commis une même infraction, mais n'ayant pas le même pécule. Selon la procédure, la retenue doit toujours être motivée, proposée par l'inspecteur, validée par le directeur et le préfet. Toutes ces opérations sont ensuite pointées[317] et publiées. Dans la forme, les retenues sont

---

314 La formulation des retenues sur les salaires des condamnés. A.-D. H.-G., 1Y55, Etat des retenues sur le pécule des détenus à raison de bris, dégradations, malfaçons non-excusables, défauts de tâches, amendes, Mois de décembre 1897, Modèle numéro 24, articles 81 et 84 du règlement général. Le registre des retenues est un registre manuscrit de grand format. Pour le mois de décembre 1897, 14 détenus ont été ponctionnés parfois à 5 reprises.

315 Notons ici que les fonds laissés par le détenu décédé sont versés dans les caisses des dépôts et consignations. Ces sommes sont réintégrées dans les caisses des prisons. *Circulaire d'ensemble du 20 mars 1875.*

316 Chaque jour le gardien chef inspecte dans les prisons cellulaires les dégradations de la cellule. *Règlement spécial pour les prisons départementales soumises au régime de l'emprisonnement individuel*, 1875.

317 A.-D. H.-G., 1Y55, Etat des retenues sur le pécule des détenus à raison de bris, dégradations, malfaçons non excusables, défauts de tâches, amendes, Mois de décembre 1897, Modèle numéro 24, article 81 et 84 du règlement général. La malfaçon coûte deux fois plus cher que la dégradation.

aussi annoncées par un avertissement[318]. Leur montant est fixé selon une échelle de sanction qui varie selon la nature de la faute. La faute d'atelier entraînera une estimation du préjudice et une procédure particulière. Lorsqu'elle n'est pas une faute d'atelier, la punition pécuniaire est souvent l'accessoire d'une punition de cellule. Le détenu sera dans ce cas prélevé sur son pécule pour les frais et dépenses liés à la punition, sauf si ce dernier travaille. Comme le chef d'établissement ne peut porter atteinte à la bonne santé du détenu, s'il constate que le détenu ne peut subvenir à ses besoins, il devra lui délivrer des vivres et ne permettra que de manière limitative la mise au pain et à l'eau.

La procédure de répression est simple. Les parties lésées seront entendues et interrogées. L'entrepreneur sera représenté par un agent agréé par le directeur. Si la faute se confirme, l'entrepreneur sera directement remboursé des dommages, sur la portion de salaire. Généralement, les dommages ne peuvent excéder une valeur de 100 francs. Il y a en réalité une somme décidée à l'amiable au terme d'une réunion entre entrepreneur, inspecteur et directeur. L'entrepreneur pourra profiter d'une estimation par des experts choisis par lui et le directeur. La mauvaise confection des ouvrages sera mesurée par ces experts, dans une limite d'indemnité qui ne pourra être supérieure au tarif de la main-d'œuvre. Le directeur peut aussi proposer une retenue unique en fin de mois. C'est en tout cas le préfet qui reçoit les pièces justificatives transmises par le directeur en vue de proposer une retenue sur le pécule. Le préfet statue ensuite sur la base du rapport du gardien, du maire et de la commission de surveillance. Il doit exercer une justice exacte en vue des intérêts des acteurs. Parfois le dommage devient collectif, causé par une coalition, une émeute, une résistance obstinée aux ordres du directeur. Dans ce cas précis, la solidarité des détenus est requise pour la réparation. Cette solidarité est effective au cas de reconnaissance de la culpabilité et de complicité.

---

318 Les avertissements généraux peuvent être formulés à haute voix.

2e PARTIE

Les procédures disciplinaires

Chapitre 1. Le prétoire disciplinaire

La procédure disciplinaire de la Belle Epoque est strictement administrative. Elle a vocation à protéger le détenu même si le prétoire juge sans être une véritable juridiction indépendante. En 1842[319], le prétoire est donc créé comme une institution interne qui traite des cas disciplinaires quotidiennement, devant un bureau constitué. En réalité, le ministre espère rendre publiques les sentences en matière de répression. La réforme de 1842 a donc cette ambition ultime de limiter les abus du pouvoir disciplinaire par le jugement public. De l'avis ministériel, cette nouvelle justice est définie dans sa plus haute perspective. Selon le ministre, l'institution prétorienne devra permettre la distribution d'une justice exacte et irréprochable, qui ne connaît pas d'abus dans son exécution. Elle devra insuffler dans la procédure une forme de publicité des règles, sans laquelle le détenu éprouvera un sentiment d'injustice. La discipline sera donc dirigée avec une « *attention religieuse* » des directeurs d'établissement, via un nouveau bureau. Cette collégialisation abaisse considérablement le pouvoir des directeurs qui veilleront désormais à ce qu' « *aucune vexation, ni aucune peine imméritée ou excessive ne soient appliquées* »[320]. Le prétoire porte ces espoirs[321], vite éteints, il est vrai, par une pratique défaillante. Le ministre tient pourtant à ce qu'il se dégage une image solennelle de justice, par la main du directeur. La justice y est pensée comme conforme à la dignité administrative de celui qui l'officie. Le bureau de l'auditoire contiendra pour ce faire tous les apparats du tribunal dont un fameux tapis de serge verte. Le bureau doté "*d'une barre à hauteur pour séparer le condamné*" appellera au rôle disciplinaire chaque détenu. Le directeur dira ensuite le droit en sa puissance publique. Il prononcera publiquement le droit disciplinaire et dispensera à ce titre tous les adoucissements pour limiter

---

319 Etude de la justice juridictionnelle contemporaine, CERE (J.-P.), *Le contentieux disciplinaire dans les prisons françaises et le droit européen,* Edition L'Harmattan, Collection Sciences criminelles, 1999, 400 p. ; *Arrêté sur la justice disciplinaire,* 8 juin 1841.

320 Instruction sur l'organisation des prétoires de justice disciplinaire dans les maisons centrales, 29 mai 1842.

321 Pour le temps présent, F. GHELFI, *Le droit de l'exécution des peines, Espoirs ou désillusions,* L'Harmattan, Paris, 2014, 160 p.

les décisions « *passionnées* ». Le procès disciplinaire (section I) aboutira cependant à une sentence sans débat et sans appel (section II).

Section 1. Le procès disciplinaire

Toutes les atteintes aux règlements disciplinaires ne font pas l'objet d'une procédure au prétoire. L'audience n'est ouverte qu'au cas d'infraction avérée et grave sur dénonciation. Le procès disciplinaire intervient après l'identification d'une infraction qualifiée par le directeur. Si cela est possible, le procès se tiendra immédiatement après la reconnaissance de l'infraction. Lorsque le procès s'ouvre conformément aux prescriptions de 1842, il se tient dans la prison, même si toutes les maisons de force et de correction n'ont pas l'espace disponible pour le prétoire. Cet emplacement spécial se résume parfois au lieu de l'école avec un mobilier propre. L'audience est souvent précédée par un séjour en cellule au titre de prévention avant la comparution. Le bureau siège dans ses lieux chaque jour excepté les dimanches et les jours fériés. Dans ce tribunal, les membres se prononcent sur les infractions dénoncées la veille, au terme de débats. Chaque dénonciation aboutira à une condamnation ou un acquittement.

§1. La procédure de dénonciation

En matière pénitentiaire, l'infraction disciplinaire est dénoncée par le garde en charge de la surveillance[322]. Le garde fait par ce biais cesser l'infraction. Il se borne à saisir le coupable qui met en péril l'ordre et la sûreté de l'établissement. Le garde saisit la personne et la remet aux autorités compétentes mais en aucun cas il ne décide du sort disciplinaire. Il constate seulement et obéit au gardien chef, qui obéit au directeur, qui obéit lui à la loi. La légalité disciplinaire va cependant dépendre de la bonne foi du garde, dans l'identification de l'infraction parfois même du commencement d'infraction. La seule garantie réside dans le fait que le directeur vérifie la dénonciation, en contrôlant les faits[323]. Il vérifie en outre que les actes de

---

[322] Cf. Circulaire portant que les crimes ou délits commis par les condamnés dans les maisons centrales doivent être dénoncés tout de suite à la justice par le directeur, 7 août 1854.

[323] Définition de la dénonciation juridique et pénale. Instruction sur l'organisation des prétoires de justice disciplinaire dans les maisons centrales, 29 mai 1842.

ses agents ne revêtent pas un caractère arbitraire ; il dénonce ensuite par écrit l'infraction ou la faute commise. La dénonciation est la procédure préalable au prétoire disciplinaire. Elle est indispensable. Toute rétention ou dénonciation abusive de la part du gardien entraînera la salle de discipline ou la suspension de huit jours pour ce dernier.

1°) Le rapport d'incident

Les rapports d'incident sont rédigés par les gardiens et gardiens en chef ; ils sont la base de la procédure disciplinaire contre le détenu. Si le surveillant voit un flagrant délit, il est dans l'obligation d'établir un rapport d'incident immédiat adressé au directeur. Ce rapport permettra juridiquement de réprimer le délit grave et de faire cesser l'insécurité[324]. Le directeur pourra sanctionner en outre le personnel qui dénonce un détenu avec haine, méchanceté ou exagération[325]. Dans le rapport, le gardien signale le comportement du détenu et identifie l'infraction de bonne foi, sans mauvaise intention. Le rapport d'incident apparaîtra dans la fiche personnelle du détenu. Il est une pièce spéciale au procès.

2°) La notice individuelle

La notice individuelle est la fiche de vie du condamné établie sous le contrôle du gardien chef. Elle est une fiche signalétique individuelle, utile pour comprendre le profil mental de ce dernier. Elle décrit son parcours pénal et sa conduite régulière, dans tous les lieux de vie (préaux, dortoirs, réfectoires, parloirs, salle de travail, chapelle et école). Elle est aussi une double publicité post-prétorienne, puisqu'elle contient les peines et les corrections enregistrées chaque année sur l'individu. Le gardien y insère de surcroît une note explicative sur le degré de moralité, le tout est visé par le maire ou le préfet.

---

324 Sur la notion contemporaine de sécurité, C. PAUCHET, *Les prisons de l'insécurité*, Paris, Editions ouvrières, Collection Comprendre pour agir, 1982, 210 pages. Sur la notion de risque du personnel, M. MENARD, *Les agressions commises par les détenus contre les membres du personnel dans les établissements pénitentiaires de la métropole, 1982-1983*, Direction de l'administration pénitentiaire, 1984, 65 p.

325 Cf. Instruction sur l'organisation des prétoires de justice disciplinaire dans les maisons centrales, 29 mai 1842.

3°) Le rapport hebdomadaire

Le rapport d'incident se distingue du rapport hebdomadaire signalant les troubles et désordres graves survenus dans la semaine. Il est un rapport circonstancié de la semaine carcérale et précise souvent le contexte d'une infraction. Il rapporte souvent la nature des méfaits : querelles, voies de fait, menaces[326], injures aux employés et aux gardiens ; on retrouve aussi les actes de désobéissance, les atteintes à la décence et aux bonnes mœurs. Toutes ces mentions sont la base de l'accusation disciplinaire. Les recours aux mesures disciplinaires pourront par contre se nourrir d'autres rapports spéciaux ou généraux. La loi de 1905 réformera la procédure et rendra la gestion des registres administratifs simplifiée[327]. On y retrouvera la constatation des infractions dans le livre matricule ou livre des punitions.

4°) Le rapport d'instruction

Quand la motivation du rapport d'incident est valide, les motifs permettent d'ouvrir une instruction disciplinaire écrite. Il se peut qu'au cours de cette procédure, le directeur décide que le détenu est accusé trop légèrement ou même injustement ; il obtient de fait un acquittement sur-le-champ. Lorsque le rapport se justifie, l'instruction se poursuit et le bureau dégage la nature de l'infraction et les motifs de la punition[328]. Cette instruction préalable qualifie et reconnaît en partie l'infraction. Dès 1842, le prétoire introduit une obligation de qualification précise des motifs et de l'incrimination disciplinaire, transmise à l'accusé[329]. On retrouvera des appellations diverses peu harmonisées. Lorsque le motif est transmis, le directeur peut convoquer le détenu à l'audience[330].

---

[326] *Article 614* du code d'instruction criminelle.

[327] Il faut attendre la période contemporaine pour voir se développer une science du management des prisons. G. CLIQUENNOIS, *Le management des prisons : vers une gestion des risques et une responsabilité des détenus*, Collection Crime, Bruxelles, 2013, 349 pages.

[328] A.D. H.G., 1Y15, Etat nominatif des détenus qui ont été condamnés au cachot, dans les prisons de Toulouse de juin 1895.

[329] A.-D. H.-G., 1Y15, Etat nominatif des détenus qui ont été condamnés au cachot, dans les prisons de Toulouse de janvier 1898.

[330] On est loin de la comparution ordinaire.

5°) L'exception de délégation

Le gardien ne possède qu'un pouvoir de dénonciation et ne participe pas à l'instruction disciplinaire. Il arrive cependant qu'il acquière un pouvoir temporaire de décision immédiate. Certaines situations de gestion imposent cette compétence du gardien[331]. La situation est telle qu'il doit sanctionner sur le tas sans en référer à la direction. Cette tolérance est vivement critiquée. Le garde qui n'a pas de direction peut décider des punitions[332]. Dans les maisons qui possèdent une direction, le garde conserve un pouvoir spécial au cas de découverte de vente de vin ou de liqueur ou de consommation de ces produits. Il peut ici provoquer la punition. Il désigne ultérieurement à son supérieur celui qui consomme du vin ou des liqueurs. En cas d'absence temporaire d'une direction, le gardien peut en cas d'urgence réprimer par délégation[333]. Le gardien reçoit alors temporairement le pouvoir de punir[334], pour faire cesser un trouble, un scandale ou une atteinte à la sûreté[335]. En 1842, il n'est pas rare donc de voir les gardiens chefs infliger directement des punitions[336].

---

331 Cette situation est accommodée tardivement en 1923, le surveillant-chef est chargé dans ces cas de prendre la décision et d'en référer au directeur de la circonscription dans les 24 heures.

332 La punition demeure un acte interne, cf. J. PRALUS-DUPUY, « Discipline », 2003, Dalloz, *Répertoire de droit pénal et de procédure pénale*, p. 7.

333 Dans de nombreuses maisons, l'infraction constitue un manquement à une règle obligatoire du parcours pénitentiaire. L'infraction peut se révéler aussi comme une infidélité, une négligence ou encore un crime ou délit.

334 A.-D. H.-G., 1Y8, *Règlement délibéré par la commission instituée par arrêté de M. le Préfet de la Haute-Garonne du 24 juin 1835, article 86*, le gardien peut mettre à la salle de discipline ou au cachot un détenu indiscipliné, pour contravention au règlement, trouble à l'ordre, scandales à la chapelle ou en trajets et ce pour 24 heures uniquement. Une prolongation de 3 jours peut être faite par le Maire ou le Commissaire. Au-delà, la sanction est considérée comme grave et relève du Préfet ou ministre.

335 La situation est plus précise puisqu'il doit dénoncer devant le Maire l'infraction et attendre ses ordres.

336 Le gardien ne peut jamais se substituer au directeur et c'est bien le premier progrès de cette justice. Il ne saurait infliger une punition de sa propre autorité sauf au cas d'urgence pour faire cesser l'infraction commise, troubles graves ou scandales, compromission de la sûreté des personnes.

L'administration centrale va lutter contre cette pratique et imposer le principe par lequel le gardien ne saurait recevoir une délégation permanente du pouvoir de punir. En principe, seul le directeur peut réprimer les infractions au sein de l'établissement. Il ne peut en théorie y avoir aucune délégation permanente de pouvoir en la matière[337], pour la bonne raison, qu'il ne peut y avoir d'affaiblissement de la parole du directeur par une opinion contraire des subordonnés. Au cas de délégation, des procédures s'imposent. Le gardien doit en référer au maire sous les 24 heures pour les prisons départementales. Le maire peut faire cesser la mesure de répression prise par le gardien chef. Dans les maisons centrales, les gardiens en réfèrent d'abord au préfet puis au ministre[338]. Dans tous les cas, la punition du gardien est une décision non-définitive, car réformable. Cette délégation se distingue de celle attribuée au sous-directeur en 1845. A cette époque, il reçoit la police permanente des préaux, des dortoirs, des réfectoires, des parloirs et de l'école. Il prend les mesures d'urgence pour assurer l'exécution du cahier des charges et du règlement. La justice est alors rendue par le sous-directeur. Au cas d'utilisation du pouvoir de sanction, le sous-directeur fait cependant un rapport de police directement au ministère.

§2. L'audience

Le prétoire se matérialise par son débat oral mais aussi par une procédure écrite[339]. L'audience est la tenue orale du bureau disciplinaire qui juge le détenu devant un public. L'audience comprendra une défense du détenu devant le prétoire mais ceci sans débat contradictoire. Lorsqu'un prétoire siège, l'appel des condamnés s'y fait par numérotation. La fréquence des audiences est réglementée.

---

337 Cf. Instruction sur l'organisation des prétoires de justice disciplinaire dans les maisons centrales, 29 mai 1842.

338 Les gardiens chefs sont chargés de la ronde à l'intérieur de la prison chaque nuit. Ils sont souvent accompagnés par des gardiens du service. En cas d'urgence, ils peuvent rendre compte sur-le-champ au gardien chef des choses qu'ils ont remarquées et qu'ils ont jugées susceptibles de compromettre la sûreté de la maison. Ils peuvent pour se faire faire appel à la force armée.

339 Cf. Instruction sur l'organisation des prétoires de justice disciplinaire dans les maisons centrales, 29 mai 1842.

Chaque jour, le directeur fait comparaître[340] aux heures fixes qu'il a déterminées les détenus qui ont commis une infraction au règlement. Lorsque l'audience n'est pas tenue le jour, le détenu se voit parfois en prévention au cachot[341] ou en cellule. A l'époque républicaine, s'installera une habitude par laquelle le directeur attend que deux détenus soient convocables pour tenir audience. Ces libéralités sont dénoncées comme des « *interprétations par convenances personnelles des directeurs* » intolérables.

1°) Le bureau

Le bureau est un collège de personnes qui a pour mission de dire si le détenu mérite une punition. Ce dernier est préétabli avant le prétoire. Le bureau est pour ce faire dirigé par le directeur qui préside en vertu de l'instruction de 1842. Le directeur détient donc le seul pouvoir de juger accompagné par ses assesseurs. Leur présence assure l'impartialité de la décision. Le bureau est divers et se compose du sous-directeur, de l'inspecteur et de l'instituteur. Les aumôniers sont régulièrement sollicités pour être assesseurs permanents. L'administration regrette pourtant que la fonction de ministre du culte les oblige à d'autres devoirs. Leur présence renforce, selon le ministre, la solennité et la religiosité de l'audience disciplinaire. Le directeur peut à sa guise appeler d'autres employés de l'administration, de sexe masculin, comme les médecins, les pharmaciens et les greffiers[342]. L'audience se tient alors devant l'ensemble des condamnés appelés. Les débats sont publics. Lorsque l'infraction est relative à l'entreprise, pour l'exacte appréciation des infractions, les entrepreneurs lésés sont entendus, interrogés et appelés aux audiences, parfois intégrés au bureau. Un représentant de l'entreprise peut donc être appelé aux audiences disciplinaires, ou représenté par tout autre agent agréé par le directeur. On y retrouve les sous-traitants des travaux industriels. Ces derniers peuvent demander à assister aux séances lorsqu'ils sont intéressés.

---

340 Cf. Instruction sur l'organisation des prétoires de justice disciplinaire dans les maisons centrales, 29 mai 1842.

341 Le cachot évite pour nombreux témoins les complots.

342 Ils ne doivent pas par contre être distraits de leurs obligations habituelles.

2°) La comparution

La justice disciplinaire est prompte. La comparution se fait au jour le jour au plus tôt, parfois quelques heures après l'infraction[343]. La comparution s'organise comme une mise en scène supervisée par le gardien chef qui appelle le condamné à la barre et transmet les documents nécessaires à l'audience aux personnalités qui siégent. La notice individuelle complète l'extrait d'écrou du détenu. La solennité impose une tenue digne de chaque membre du bureau. On se figure le détenu, en tenue réglementaire, à la barre, face au directeur, parfois secondé par le préfet ou l'inspecteur. A leurs côtés, de part et d'autre, s'installent les aumôniers et les gardiens. Le gardien chef est assis sur le côté suppléé par son premier gardien. L'entrepreneur ou son représentant se place de l'autre côté si l'audience l'impose. Les employés du greffe et du service de santé, les fabricants et contremaîtres se placent derrière le bureau. Ils se tiennent debout. À côté d'eux, on retrouve les gardiens préposés à la police de l'audience, en grande tenue et au garde à vous.

3°) Les garanties

Le détenu possède de maigres garanties dans cette comparution solennelle et expéditive. Une des premières garanties est qu'il soit en parfaite connaissance des motifs de l'audience. L'objet de la dénonciation doit être formalisé par écrit et contenu dans le rapport d'incident ; pour les femmes, cette tâche revient à la sœur en charge de la surveillance. Le détenu reçoit alors verbalement à l'audience la cause de la dénonciation dont il fait l'objet. Il doit être préalablement informé par le directeur de l'objet de la plainte et de l'auteur de la plainte. Il doit savoir ce qu'on lui reproche. Le détenu ou la détenue possède de fait un droit de défense. A la barre, il ou elle explique son acte et défend sa personne. Les mêmes précautions sont établies dans les litiges de l'entreprise. Le débat contradictoire n'est pas admis car il entraînerait selon le ministre une remise en cause de l'autorité du gardien ou de la sœur surveillante, mettant en péril l'institution.

---

343 Cf. Instruction sur l'organisation des prétoires de justice disciplinaire dans les maisons centrales, 8 juin 1842, Ministère de l'intérieur.

4°) Le débat du bureau

Le procès contradictoire n'existe pas à la Belle Epoque[344]. Les juristes sont plus occupés à dessiner une humanisation de la peine qu'à favoriser un débat équitable dans le procès disciplinaire. Pour le pouvoir central, le contradictoire aurait en plus le désavantage d'affaiblir le pouvoir administratif et de décrédibiliser les gardiens et leur autorité. Des situations sont régulièrement invoquées pour justifier de manière spécieuse cet état du droit. Les détenus seraient tentés dans les débats de proférer des injures et des menaces par état d'irritation, aggravant leur situation face au bureau. L'outrage à l'audience se multiplierait comme une parole, un geste de menaces. Si l'outrage a lieu, le condamné est puni en conséquence[345].

5°) L'aveu

Lorsque aucun incident de séance n'est relevé, l'ordre de parole est comme suit. La première parole revient au gardien. Elle est supérieure à celle du détenu. Elle fait foi et corrobore le rapport d'instruction. Le bureau suit et valide la dénonciation puis entend la parole du détenu. Ce dernier défend sa cause verbalement. La tenue de l'audience présage souvent une validation de la dénonciation par le bureau qui aurait sinon réfuté le rapport d'incident. Lorsqu'un détenu passe à la barre, il est présumé coupable. Quels seraient les éléments qui pourraient intervenir dans l'acquittement ? Il s'agirait de preuves rapportées par le détenu lui-même ou de l'indulgence des membres du bureau. Dans les autres cas, les prisonniers sont contraints à l'aveu qui implique « *la reconnaissance à haute voix des fautes et des punitions infligées* ».

---

344 Cette réforme n'est pas à l'ordre du jour, considérée comme trop dangereuse pour les autorités.

345 *Article 228 et 230 du Code pénal*, Si les violences exercées contre les fonctionnaires ont été la cause d'effusion de sang, blessures ou maladie, la peine sera la réclusion. Si la mort s'en suit dans les quarante jours, le coupable sera puni de mort. Si les violences n'ont pas causé la mort, elles seront punies de la réclusion au cas de guet-apens. Pour une vision contemporaine, ENAP, V*iolences en prison : rapport de recherche*, GIP, Mission de recherche Droit et Justice, Agen, 2005, 382 pages.

6°) La publicité

La publicité de l'audience est assurée par les débats oraux et la présence d'assesseurs du bureau ainsi que d'autres détenus[346]. La direction entend bien que les témoins reconnaissent l'équité du prétoire de justice publique. La publicité rend la punition exécutoire.

Section 2. La sentence disciplinaire

Au terme de l'audition, le bureau peut surseoir à statuer pour entreprendre une information plus ample, au cas où les faits ne sont pas entièrement constatés ou suffisants. Lorsque le bureau décide par contre, il décide sans appel possible. La punition disciplinaire est prononcée de manière immédiate à haute voix. Elle est retranscrite par le gardien chef et le greffier à la population pénitentiaire par oralité et aux ministères par écrit sur registres. Contrairement au règlement, la punition n'est pas affichée dans le dortoir. Depuis 1829, l'administration doit tenir un registre des punitions infligées par le directeur et contrôlable par les magistrats. Le procès-verbal entérine la décision. La punition devient légale. Elle est alors inscrite à l'état nominatif personnel avec contre-signature[347] du directeur. Le puni est quant à lui transféré dans son lieu de vie ou dans une cellule pour subir sa peine disciplinaire. Une note d'observation précise enfin le caractère de soumission ou de résistance du prisonnier vis-à-vis de la punition. La punition n'est pas une situation juridique immobile. Elle varie selon la conduite du prisonnier. Le détenu possède durant toute sa punition la possibilité d'une remise en cause de sa punition par un inspecteur. À ce stade, l'inspection générale ou médicale peut vérifier la conformité de la punition, sa proportionnalité, l'annuler ou l'adoucir. La punition peut aussi souffrir d'une aggravation.

§1. Le jugement exécutoire

En droit pénitentiaire, la peine disciplinaire doit suivre de près la faute commise. Lorsque la proportionnalité est respectée, le jugement est valable. Il faut aussi que soient exécutées des formalités

---

346 Cf. Arrêté sur la justice disciplinaire, 8 juin 1842.

347 Idem

produites par le directeur et le bureau. Lorsque le directeur a statué sur l'infraction dénoncée, il veille à ce qu'aucune vexation ne soit faite contre le détenu avant l'exécution de la punition et qu'aucun acte ne lui soit infligé de manière imméritée ou excessive. Si la punition est une mise en cellule ou au cachot, le directeur s'abstient légalement d'en déterminer la durée en présence du condamné puni. Le directeur avertit uniquement le condamné qu'il n'y aura aucune indulgence sauf par son entière soumission. Le caractère indéterminé de la punition permet le contrôle du comportement du détenu. L'évolution dépend alors de l'appréciation du directeur et du repentir du condamné.

1°) Le procès-verbal

Le procès-verbal est écrit et contient la décision du directeur pour éviter tout acte arbitraire. Rappelons qu'en 1838, le directeur est nommé selon ses qualités de probité, de fermeté, de régularité dans des mœurs dites nécessaires pour satisfaire ses fonctions. On le dit homme habile et « homme de bien ». Il est aussi le seul à opérer un adoucissement des punitions disciplinaires applicables au moment du procès. Le gardien dresse concrètement l'acte et y inscrit les noms des employés du service administratif siégeant. Il mentionne en marge les incidents intéressant l'ordre et la police de l'audience. Le procès-verbal est certifié par le directeur. Il apparaît dans ses futurs rapports.

2°) Le rapport du directeur

Chaque mois, le directeur rend compte *a posteriori* et par écrit, au procureur général, au préfet et au ministre, des punitions disciplinaires qui ont été infligées aux prisonniers[348]. En sa qualité de chef de l'établissement, il formalise un rapport mensuel sur l'état disciplinaire, décrivant la nature de la peine véritablement exécutée. Le directeur rédige personnellement ce rapport, dans lequel il consigne ses observations particulières. Dans la première partie du rapport, le directeur décrit l'exécution du règlement général et de la discipline ordinaire. Dans la seconde partie, il décrit l'état de la police spéciale dont les infractions commises et le mode de répression

---

[348] Cf. Projet de loi sur les prisons présenté à la chambre des Pairs le 10 juin 1844, article 45.

envisagé. Le rapport contient obligatoirement, le nombre de détenus qui ont encouru des punitions, le nombre de ceux qui ont été punis une seule fois pendant le trimestre et le nombre de ceux qui ont été punis plusieurs fois dans le trimestre. A la demande du pouvoir central, le rapport mensuel consigne la fréquence et l'usage des punitions les plus dures, comme le cachot, l'interdiction de cantine et la suppression de la visite. Le rapport comprend des listes numéraires, appelées « états ».

3°) Les états nominatifs

Les états nominatifs sont des tableaux exhaustifs vérifiés par le chef d'établissement, constatant ou non l'existence de méfaits de la part des prisonniers. Une colonne « punitions » est réservée dans les états nominatifs pour recenser le nombre de condamnés enfermés au cachot, avec ou sans fer ou autres liens. C'est parce qu'il représente une garantie administrative que le ministre en réclame la transmission[349]. L'état nominatif est un imprimé unique et unilatéral adressé par chaque maison au ministère de l'intérieur. On y retrouve les noms des coupables d'infraction et des auteurs de bonne discipline. Signé et transmis par le directeur de circonscription, l'état présente la répression annuelle pour chaque maison[350]. Le directeur de circonscription adresse habituellement au préfet plus d'une trentaine de lettres introductives aux rapports personnels et à l'état nominatif de l'année de référence.

4°) Le registre des cachots

Ce registre constitue la base fondamentale du contrôle des sanctions disciplinaires. Il oblige l'administration locale à révéler ses pratiques par écrit, contrôlées par l'inspection et le sous-directeur.

---

349 Cf. Circulaire contenant plusieurs modifications relatives à l'envoi périodique de divers documents dans les maisons centrales, 18 mai 1854.

350 Consulter l'œuvre de Michel Fize : FIZE (M.), « Punir en prison au XIXe siècle », Revue de science criminelle et de droit pénal comparé, 1982, n° 4, p. 809-811 ; *Les répressions des violences commises par les détenus dans les établissements pénitentiaires,* Thèse de doctorat, droit, Poitiers, 2001, 447 p. ; *La répression disciplinaire dans les prisons françaises métropolitaines au XIXe siècle,* ministre de la justice, Centre national d'études et de recherches pénitentiaires, Collection Archives pénitentiaires, novembre 1982, 57 p.

A partir de 1863, le directeur d'établissement transmettra mensuellement un état spécial[351] des détenus, punis au cachot ou en cellule, avec la cause de cette mesure. On relèvera la situation exacte du cachot ou de la cellule par la date d'entrée et de sortie, la durée de la punition, les observations de l'inspecteur et du médecin sur l'effet de cette punition. Le registre désigne aussi nominativement les condamnés mis au cachot ou en cellule avec indication de restriction et de travail. Il renseigne en marge le nom des gardiens qui supervisent la punition, la durée, les motifs de récidive constatés ainsi que d'autres observations diverses. Le ministre insiste sur l'indication claire des jours passés au cachot avec ou sans réduction de nourriture. Le registre spécial des cachots certifie la justesse de la punition conformément aux règlements ministériels et aux ordres particuliers du ministre ou du Préfet[352]. On y découvrira pourtant que les périodes de cellule varient d'une soirée à plusieurs semaines. On y consigne les abus de pouvoir et les aggravations de peine.

§2. La peine légale

L'exécution légale de la peine se fait au plus tôt, à la sortie du prétoire. Cela signifie que la punition ne peut être véritablement contrôlée avant son exécution. Elle est présumée légale. Depuis l'arrêté de 1842 pourtant, la peine est légale uniquement si elle est conforme au principe de proportionnalité. L'aggravation ou l'atténuation de la peine pendant son exécution peut venir corriger cette proportionnalité. Le directeur doit ainsi vérifier cette légalité et prend la totale responsabilité des punitions illégales. Quand il prononce la peine, il a la « *la conviction intime que la décision discrétionnaire recevra l'assentiment tacite des assistants* ». Une seule exception existe

---

351 Voir pour illustration, A.-D. H.-G., 1Y15, Etat des détenus placés en cellule des prisons de la Haute-Garonne, de 1898 à 1908.

352 Rappelons ici qu'en 1841, les peines autorisées sont l'interdiction de promenade dans le préau, la privation de la cantine, l'interdiction de communiquer ou de correspondre avec parents et amis, la réclusion solitaire avec ou sans travail et enfin la mise aux fers.

dans les prisons cellulaires départementales. Depuis 1843, les punitions disciplinaires sont prononcées par le maire, toujours dans le respect du principe de proportionnalité[353].

1°) La proportionnalité de la punition

Lorsque la faute est constatée, la procédure disciplinaire implique une prudence qui veut que la proportionnalité soit vérifiée par les décideurs et les observateurs, selon les prescriptions de la loi. Le principe directeur est que la gravité de la faute définit la gravité de la punition. En ce sens, la punition ne peut être infondée, ni librement graduée par celui qui la décide. La proportionnalité signifie que la punition ne peut être un châtiment inhumain. Lorsque la peine s'exécute, sa forme et sa durée ne sont pas figées et se modifient à travers l'amélioration morale du puni. Le degré de la punition devient proportionnel au comportement du condamné. La punition peut être réitérée ou prolongée sur l'appréciation du directeur. Si le détenu persiste dans sa motivation immorale, la punition est prorogée. La gradation de la peine est censée produire un effet salutaire, préférable à l'application d'une peine unique, irrévocable. Si les autorités constatent par contre que le détenu ne mérite pas d'être puni, ils peuvent ajourner la décision d'audience. Seul l'inspecteur et le sous-directeur peuvent annuler les punitions non-conformes.

2°) La conformité du cachot et de l'encellulement

Il est souvent constaté que l'administration exécute la peine du cachot dans une forme illégale. Dans les prescriptions de 1842, le Ministre rappelle que le directeur qui inflige cette peine, doit obtenir l'approbation du préfet. La peine exécutée sera alors consignée dans ses détails dans un registre. Ceci par sécurité. Pour l'encellulement, la peine ne pourra pas se faire par la réunion de plusieurs détenus dans une même cellule. Si le nombre de cellules n'est pas disponible au moment de l'exécution de la punition, et si le directeur ne peut ajourner la punition par la séquestration du condamné, il devra réunir les détenus dans une pièce particulière de manière

353 En cas de persistance d'un détenu dans une infraction de nature à troubler l'ordre et compromettre la sûreté de la prison, le gardien chef peut en attendant la décision du Maire, faire placer le détenu dans une cellule de punition, sans préjudice de mesures plus répressives en cas de fureur ou de violence.

exceptionnelle avec une surveillance particulière. L'isolement nécessitera en parallèle une surveillance médicale et une surveillance de jour comme de nuit. Le sous-directeur sera donc chargé de constater les désordres et abus de pouvoir au cours de l'exécution. A l'époque républicaine, le cachot devient cette sévérité inutile, faisant naître dans l'esprit des détenus l'idée du suicide, « *la volonté de se donner la mort dans l'isolement* »[354]. Si la punition dépasse le format de quinze jours alors le directeur devra formuler une demande au préfet pour l'infliger. Il appartiendra au ministre de statuer en dernier ressort. En 1922, le directeur de l'administration pénitentiaire précise que la durée d'isolement entre l'infraction et le prononcé de la peine devra être déduite de la punition[355].

3°) L'effectivité de la punition

Les gardiens possèdent le pouvoir d'exécuter la sanction disciplinaire. Lorsque la punition est prononcée, l'ordre doit être exécuté passivement et avec exactitude. Le directeur demeure l'ordonnateur sans dérogation aucune. Le directeur vérifie l'exécution de la punition par une visite journalière des lieux de punition, accompagné du gardien en chef. Il devra s'assurer dès 1839 que les punitions sont infligées de manière réglementaire. Pour ce faire, le directeur reçoit les rapports journaliers des préposés et confirme les instructions spéciales sur le cachot. Il contrôle que le garde ne fait pas usage de peines afflictives non-autorisées. Il est le seul d'ailleurs à faire cesser les punitions non-appropriées sur le rapport de l'inspecteur. Le sous-directeur réinvestira cette visite journalière. Il devient le contrôleur ordinaire de la bonne exécution de la punition. Le sous-directeur possède une compétence plus large. Il enregistre toutes

---

354 Dans ces cas, le gardien chef est d'ailleurs obligé de transmettre un rapport au préfet ou sous-préfet ainsi qu'au directeur ; il est tenu de provoquer l'intervention de la police judiciaire.

355 Pour illustration les états nominatifs de la circonscription toulousaine sont au nombre de quatre. A.-D. H.-G., 1Y15, *Etats nominatifs des détenus de la maison de correction de Toulouse placés en cellule pour le mois de février 1894*, on y retrouve 8 détenus, punit de 1 à 10 jours de cellules. L'état est présenté par le gardien, le 1er mars 1894, pour des faits remontant à février 1894. L'état nominatif est un imprimé du ministère conformément à la circulaire du 12 avril 1866. Les motifs de justification du cachot sont divers.

ses observations sur les parties du service qu'il est spécialement chargé de surveiller[356].

---

[356] A.-D. H.-G., 1Y1, Correspondance du préfet avec l'administration pénitentiaire, le général commandant le corps d'armée et les sous-préfets, 1902-1913. Illustration des échanges administratifs sur les prisons de Toulouse.

Chapitre 2. Le recours institutionnel

Le recours du détenu est restreint. Il consiste en la réclamation de certaines choses auprès des autorités compétentes et ne se présente jamais comme une remise en cause d'une décision disciplinaire. On découvre plutôt une possibilité de dénoncer un dysfonctionnement dans le parcours pénitentiaire. L'annulation d'une décision disciplinaire est impossible à cette époque. La demande ne peut être formulée de manière directe mais peut être la conséquence d'une décision hiérarchique supérieure. Ce recours interne ne présuppose aucun droit automatique en faveur du détenu. Il s'agit en réalité d'une coutume implicite qui se dégage progressivement des sous-directions, des commissions et des inspections, en vue de contrôler les mesures disciplinaires internes. Le droit de réclamer propre au condamné découle quant à lui d'un détournement pratique du droit de correspondre. Le détenu a donc la possibilité d'interpeller les autorités administratives, au moment d'une visite, du prétoire, ou par la voie du registre. Le détenu peut aussi contacter l'autorité judiciaire par courrier. Le droit de recours est un simple droit de correspondance[357]. Le droit de réponse n'existe pas. Ce droit de correspondance autrefois cantonné à la famille va devenir le moyen de solliciter le juge, l'inspecteur, le directeur ou le sous-directeur de l'établissement. Ceci n'empêche pas le travail normal des commissaires (section I) qui n'éteint pas le droit de réclamation personnelle (section II)

Section 1. Les commissaires

Les commissaires de surveillance sont des hommes de justice et de loi nommés pour contribuer à l'amélioration du régime pénitentiaire. Ils sont des personnalités locales dont la mission est de

---

[357] L'administration pénitentiaire a donc accès à l'état civil des détenus et son dossier judiciaire pour connaître les personnes autorisées à correspondre avec lui, hors autorités judiciaires. C'est le ministre qui autorise de manière extraordinaire une communication avec une personne extérieure. Le droit de correspondre sera reconnu comme tel en 1874 pour tous les condamnés. Ils ont désormais la possibilité d'écrire un jour par mois une ou plusieurs lettres à leurs proches, s'ils ne sont pas en situation de punition.

conseiller la direction et de contrôler les actes de la maison[358]. La commission de surveillance trouve en fait son origine dans les conseils gratuits et charitables de 1810. Lorsque les gouvernants de l'époque transfèrent la police intérieure des maisons aux préfets, chaque prison dispose alors d'une inspection journalière du conseil charitable. Le maire reste l'homme en étroite liaison avec ce conseil composé de cinq membres, dont le procureur du tribunal de première instance. En réalité, il possède un pouvoir de surveillance mais ne l'utilise guère. Il laisse cette mission aux commissaires de police. C'est l'ordonnance royale du 22 mars 1816 qui transforme les anciens conseils en commission[359]. Leurs attributions administratives sont supprimées et chaque commissaire est nommé pour une mission à durée déterminée. Le visage du commissaire devient celui d'un expert juridique. L'année 1819 marque la fin du pouvoir municipal qui ne préside plus les commissions de surveillance. Le préfet peut souhaiter la présence du maire ou du curé mais elle n'est plus obligatoire. Les commissaires sont maintenant nommés par le Ministre sur présentation du préfet. Plus indépendante, la commission n'existe pas nécessairement près de toutes les prisons. Sur certaines circonscriptions, la commission fait même l'objet de dissolution. Rien ne permet ainsi de dire qu'il existe un véritable contrôle des commissaires. Il faut attendre le Premier Empire pour voir se dessiner une relance des contrôles. Désormais, la commission siège de manière périodique avec un commissariat mensuel, réparti à tour de rôle entre les divers membres. Elle traite normalement des abus des agents pénitentiaires.

§1. La commission de surveillance

Les commissions de surveillance de 1819 sont les premiers lieux d'accueil des magistrats dans la prison. Sur le territoire, les commissions sont souvent guidées par le désir de contrôler la pratique des

---

[358] Voir la composition de la commission de surveillance de Toulouse, A.-D. H.-G., 1Y8, *Rapport de la commission de surveillance de Toulouse,* 1815.

[359] Pour illustration à Toulouse, la commission de surveillance qui visite les prisons est établie par arrêté du Comte Jules de Polignac avant 1815. A.-D. H.-G., 1Y8, *Rapport de la commission de surveillance de Toulouse,* 1815.

administrateurs. L'ambition des rédacteurs de 1819 est une surveillance journalière et automatique[360]. En réalité, chez les magistrats, on ne se bouscule pas pour siéger ni même visiter les prisons qui restent des territoires hostiles. De leur côté, les préfets, les procureurs des tribunaux n'assistent que très peu aux séances annuelles, laissant décider les membres non-juristes de la commission. Dès 1838, la commission de surveillance prend pourtant une charge importante, l'écriture des règlements particuliers. L'activité rédactrice des règlements particuliers de discipline sera le fruit d'une longue discussion avec le pouvoir central. Elle sera aussi l'occasion de soulever les difficultés de terrain.

1°) Les commissions spéciales départementales

La composition de la commission spéciale en dit long sur sa nature départementale. Tous ses membres sont nommés sur le principe d'une liste préétablie par les autorités centrales. Depuis 1819, la commission est sous contrôle, dirigée par le premier président du tribunal de première instance et le procureur du roi. Elle intègre le préfet des chefs-lieux des départements et le sous-préfet des chefs-lieux d'arrondissement. On y retrouve aussi des anciens fonctionnaires et généraux militaires. Chaque commissaire accepte à sa nomination sa mission et l'exécute par des visites personnelles et des décisions en conseil. La commission se réunit ainsi périodiquement et consigne ses observations dans un registre consultable par l'administration centrale[361]. Le commissaire contrôle principalement le régime intérieur des prisons soit, la salubrité, la discipline, la tenue de registres d'écrou, le travail, l'instruction religieuse et la conduite des détenus envers les concierges et gardiens. Il contrôle par ailleurs les cahiers des charges des marchés de fournitures de services, et leur soumission cachetée, après approbation des préfets.

---

360 Sauf sur certains territoires dans lesquels elle occupe une place majeure. A Toulouse, la commission établit depuis 1814 de véritables rapports sur le régime des prisons. Elle participe activement à l'élaboration des règlements des prisons de la ville, A.-D. H.-G., 1Y8, *Règlement délibéré par la commission instituée par arrêté de M. le Préfet de la Haute-Garonne du 24 juin 1835*.

361 Dans ces nouvelles activités, bien des ministres regrettent l'emprise du Maire ou du Préfet sur la commission dans certaines localités. *Ordonnance royale sur les maisons centrales*, 2 avril 1817.

A partir de 1823, la commission réduit sa compétence et les directeurs récupèrent certaines charges administratives. D'autres sont transférées au préfet. Le commissaire conserve le pouvoir de recevoir les réclamations des détenus. Les commissions sont aussi obligées de produire un rapport hebdomadaire sur l'état de leur prison, tous les huit jours en consignant remarques, propositions sur la salubrité, l'instruction, le travail[362] et la discipline. La commission y formule une série d'améliorations concrètes du régime chiffrées[363]. Elle peut au passage signaler des abus constatés dans les rapports. Pour les prisons départementales, le rapport est adressé aux maires, qui y répondent par un rapport cette fois adressé aux sous-préfets. Le cycle de navettes se clôture par le rapport préfectoral trimestriel dit « *rapport sanitaire, disciplinaire et moral* ». A la fin de chaque année, le préfet adresse au Ministre un rapport général final dans lequel, il passe en revue les rapports trimestriels, y consigne des observations faites au cours de ses visites personnelles et émet des souhaits d'amélioration. Dans ce rapport préfectoral, sont aussi relevés les abus persistants et les moyens d'y remédier. Ces vœux émis sont pourtant facultatifs et ne peuvent engager la direction. Le commissaire est un garde-fou de la maison mais quel est son pouvoir ? Il est faible car il ne peut pas donner d'ordres directs ; il ne possède que le pouvoir de se faire rapporter tout ce qui touche à la police. Le commissaire va devenir surtout celui qui peut adoucir le sort des prisonniers. La fréquence de réunion de la commission est par contre très faible si bien qu'en 1841, le ministre impose au moins une réunion par an[364].

---

362 L'analyse sanitaire de la prison se fait selon l'administration par deux points de vue. Elle se fait par rapport à son passé pour vérifier si son état a bougé. L'administration compare l'état sanitaire général de la prison et les cas de maladie et de décès et ce dès 1840. Ce chiffre est ramené à celui de la population libre de la localité.

363 Elle préconise l'usage de la soupe grasse, l'achat de divers vêtements et d'ustensiles du coucher, l'augmentation des employés, l'augmentation de lampes d'éclairage, du chauffage, de bassin pour froid trop rigoureux, la réparation des locaux. A.-D. H.-G., 1Y8, *Etat détaillé de toutes les améliorations à introduire dans les prisons départementales de la Haute-Garonne pour se conformer au règlement général avec la dépense qu'entraînera chacune de ces améliorations,* Toulouse, 7 février 1842.

364 Il décrit les bonnes conduites, les comportements assidus au travail et méritants.

2°) Les commissions près des maisons centrales

En 1847, le Ministre crée de nouvelles institutions nationales et décide de prolonger le modèle des commissions départementales à chaque maison centrale. La commission auprès des centrales dévoile une organisation plus représentative. Les commissaires sont nommés, pour trois ans et leur mandat renouvelable, sauf motifs sérieux de non-renouvellement. De plus, le secrétaire de la commission est élu à la majorité des suffrages. La commission se compose ainsi de six membres de droit et de quatre membres élus ; le préfet préside la nouvelle commission. Le collège compte le premier président de la cour royale, le procureur général, le président du tribunal civil du ressort, le procureur du roi, deux membres du conseil général et du conseil dit d'arrondissement. Le préfet peut aussi appeler au sein de ces commissions le directeur de l'établissement, pour voix consultative et le maire. La fonction de maire reste compatible avec la fonction, bien que certains maires soient employés dans la maison centrale et soumis au directeur. Le cumul de mandat est par contre strictement interdit et la nomination nécessitera l'abandon d'une des deux fonctions. Autre spécificité, l'entrepreneur des prisons ne siège pas au sein de la commission. Les inspecteurs peuvent par contre librement assister aux commissions. Les inspecteurs des prisons ont surtout lors de leur tournée voix délibérative dans ce type de commission[365]. La commission peut enfin être aidée par le préfet dans son investigation[366]. La commission est en tout cas légalement sous le contrôle du conseil général d'arrondissement et lui rend compte de ses instructions et objets d'étude. De manière pratique, les séances diffèrent des commissions départementales. Les commissions sont convoquées par le préfet, à l'hôtel ou à la préfecture, ou dans un local de la maison centrale avec un quorum de cinq membres. La commission émet des avis sur l'amélioration du régime disciplinaire et donne son avis sur l'instruction morale, religieuse et élémentaire du détenu. Elle surveille l'état sanitaire, l'exercice de la justice disciplinaire, les clauses des cahiers des charges de l'entreprise et les tarifs de la main-

---

365 Cf. Décret sur l'organisation du corps des inspecteurs généraux des services administratifs dépendant du ministère de l'intérieur, 15 janvier 1852.

366 Voir pour illustration, A.-D. H.-G., 1Y8, *Rapport de la commission de surveillance de Toulouse*, 1815.

d'œuvre. Elle se prononce sur la police de la maison et complète sa mission par des visites ordinaires ou en collège extraordinaire. Depuis 1850, elle est épaulée par un conseil de surveillance. En 1900, la commission de surveillance existe toujours sans réellement prendre son ampleur.

§2. La commission de discipline

La commission de discipline[367] n'est pas une commission qui rapporte mais une instance de jugement disciplinaire professionnel. En ce sens, elle ne s'adresse pas aux condamnés. Elle juge les actes répréhensibles des agents des maisons centrales ou départementales. Pour ce faire, elle se compose de tous les acteurs de la maison : le directeur, l'inspecteur, le greffier, le commissaire, l'aumônier, le médecin ou encore l'instituteur. Les gardiens sont les seuls agents contrôlables par la commission, en leur qualité d'agents rémunérés par les pouvoirs publics[368], dits serviteurs de l'Etat[369]. La fonction de la commission est de mettre en application la réglementation de 1822 [370], qui codifie la fonction de surveillance. Le gardien chef représente le supérieur hiérarchique du corps. Il dirige en tant que tel tous les autres gardiens pour qu'ils effectuent une surveillance quotidienne des prisons[371]. Il est le premier soumis à la commission. Les gardiens sont quant à eux contrôlés à la manière d'une garde militaire ou maritime[372]. Le gardien est d'ailleurs vêtu d'un costume

---

[367] Pour une vue contemporaine, F. BALLADIER, *Fenêtre sur cours, la commission de discipline,* ENAP, 1993, p.

[368] Pour illustration sur le traitement des agents, A.-D. H.-G., 1Y8, *Extrait du registre des délibérations de la commission de surveillance des prisons de Toulouse,* 1er avril 1842, Traitements des agents.

[369] Cf. Règlement pour le service des gardiens dans les maisons centrales de détention, 30 avril 1822. Ces agents prêteront serment.

[370] Dans la maison départementale, c'est *in fine* le ministre qui sur avis du Préfet nomme le personnel de surveillance et d'inspection.

[371] Le maton est l'ancienne appellation de garde. Sur la notion contemporaine de maton, A. FRAYER LALEIX, *Dans la peau d'un maton,* Fayard, Paris, 2011. J.-C. LOPEZ, *Trente-deux ans derrière les barreaux, mémoires d'un gardien de prison,* L'Harmattan, Paris, 2006, 266 pages.

[372] Etude récente sur le bagne, J.-L. SANCHEZ, *La relégation des récidivistes en Gyuane française : les relégués du bagne colonial de Saint-Jean du-Marony*, 1887-1953, EHESS, Lille, Thèse, 2014.

et de moyens de défense de style militaire[373]. Il assure la sécurité avec des armes et peut user de violence légitime au cas de danger. En tant que corps exécutant, tous les gardes doivent obéissance aux règlements et peuvent être déférés devant la commission. Les préposés sont convoqués et punis le cas échéant.

1°) Le contrôle de la mission générale de garde

La commission réprime les agents qui dans leurs services et par leurs visites, ne respectent pas leur mission de garde[374]. Selon les textes, la garde est une compétence attribuée[375] à des hommes de caractère et de mœurs irréprochables, promettant de veiller à la garde des prisonniers avec « *douceur et humanité* ». Les gardiens ont une mission administrative, celle de veiller au bon ordre et à la tranquillité des lieux par « *des manières douces et humaines, sans rigueur inutile vis-à-vis de celui qui est privé de sa liberté* ». Depuis le début du XIXe siècle, après l'ère de la conciergerie[376], le gardien chef et les gardiens ont un code moral et déontologique à respecter. Et pour cause. Le gardien chef est le seul à posséder les clefs de la maison et se charge de la sûreté générale. Le gardien chef porte par contre la responsabilité de la surveillance générale, alors que les gardiens sont responsables de leurs propres missions ponctuelles. Le gardien ordinaire est donc appelé chaque jour et doit obéir aux ordres des chefs. Le premier jour de chaque trimestre, le directeur général des

---

373 Le gardien porte une épée placée avec ceinturon. Les gardiens ordinaires portent un mousqueton de cavalerie légère, une baïonnette, un fourreau et un tire-balles.

374 Les règlements particuliers comme celui de Villefranche prévoient que le garde surveille par des rondes, pour maintenir l'ordre et la décence. Le règlement particulier attribue un pouvoir de répression au cas d'urgence mais avec rapport au Maire dans les 24 heures. Il précise aussi que tous les jours le commissaire se rend à la prison pour recevoir les notes du gardien-chef. A.-D. H.-G., 1Y6, *Règlement particulier de la prison de Villefranche, 14 janvier 1842.*

375 Sur présentation de la municipalité et sur ordre des agents de districts, ou administration du département.

376 Pour une étude approfondie sur la conciergerie : POTTET (E.), *Histoire de la conciergerie du palais de Paris depuis les origines jusqu'à nos jours,* Paris, Maison Quantin, Compagnie générale d'impression et d'édition, 1887. DEGEZ-SELVES (C.), *Une société carcérale : la prison de la conciergerie (fin XVI-Milieu XVIIe siècles),* sous la direction de Denis Crouzet, Thèse de la faculté de lettres de Paris Sorbonne, Paris, 2013, p. ; DARNTON (R.), Vies privées et affaires publiques sous l'Ancien Régime, *Actes de la recherche en sciences sociales,* 4/2004 (n° 154), p. 24-35 ; CARLIER (C.), Histoire des prisons et de l'administration pénitentiaire française de l'Ancien Régime à nos jours, *Criminocorpus* [En ligne], *Varia,* mis en ligne le 14 février 2009, http://criminocorpus.revues.org/246.

maisons centrales transmet au Ministre l'état nominatif des gardiens et portiers avec ses observations disciplinaires. Les agents répondent en conséquence de leurs actes et peuvent être entendus par la commission disciplinaire pour non-application des règles, des ordres supérieurs ou pour atteintes à la personne du condamné. Le gardien désobéissant risque gros, suspension de ses fonctions, privation de son traitement et destitution définitive, au cas de récidive. Curieusement, le contrôle de la commission de discipline va produire une première forme de recours pour excès de pouvoir en faveur des détenus. Le garde soumis à la commission va devoir s'expliquer sur un acte disciplinaire injustifié dans la surveillance ordinaire[377]. Le gardien sera responsable[378] de sa négligence et de l'usage de son armement[379].

2°) La prohibition de certains actes aux employés

Ce principe induit expressément qu'il est défendu à tout employé, quel que soit son statut, de faire un acte prohibé sous peine de sanction. La prohibition vise surtout la corruption possible des gardes avec les détenus. Elle ne permet pas aussi aux agents d'occuper les détenus pour leur service particulier, de recevoir des présents des détenus ou de leurs proches, en contrepartie de ressources financières. Les gardiens ne peuvent pas non plus faciliter les correspondances ou l'introduction de vivres, de boissons ou d'objets non-autorisés. Le gardien chef veille de plus à ce que ces gardes ne tractent pas avec les détenus, ne reçoivent pas dans leur loge un détenu, sous peine de destitution[380]. Dans les situations prohibées se trouve aussi le fait tout simplement de sympathiser avec

---

[377] Il y a des femmes et des hommes affectés aux fonctions de gardien-chef. Les gardiens ne sont pas des portiers.

[378] A.-D. H.-G., 1Y8, *Règlement délibéré par la commission instituée par arrêté de M. le Préfet de la Haute-Garonne du 24 juin 1835, chapitre II,* le gardien est responsable de toutes les infractions au règlement. Il en réfère au Maire et au Commissaire de la ville qui peuvent prendre les mesures disciplinaires sans en recourir à l'autorité du directeur.

[379] D. BILAL, M. MENARD, *L'uniforme du personnel des prisons, de la Restauration à nos jours,* Ministère de la justice, Paris, 1986.

[380] Dans le même ordre d'idée, ils ne peuvent pas vendre ou procurer des vivres, boissons, ou autres objets du dehors, vendre leur effet, sous peine de poursuites. Ils ne peuvent recevoir de pourboires.

le détenu, en mangeant et en buvant avec lui[381]. Il est bien sûr formellement interdit aux agents d'avoir des conversations familières, des formulations grossières ou de tutoyer le condamné[382].

3°) Les fautes de non-surveillance

Le gardien ordinaire a l'obligation « *de rapporter matin et soir au chef puis au directeur les incidents qui se produisent dans l'établissement* ». L'article 177 du Code pénal rappelle que l'agent infidèle est celui qui, par suite de ses promesses, s'abstient de signaler des infractions commises par le détenu. Il s'agit aussi de celui qui tolère et facilite les communications, les correspondances illicites et objets prohibés. Les gardiens sont dits responsables des contraventions aux règlements non-transmises et des dégâts provoqués[383], par défaut de leur surveillance. Il s'agit généralement de marques scripturales murales qui ne sont pas signalées, formes de dessins[384] ou de dégradations de vêtements. Le gardien est toujours responsable des détériorations et dégâts faits par les détenus au cours de son service. Certains comportements sont par contre des fautes flagrantes et graves, comme l'état d'ivresse qui entraîne destitution. Il existe tout de même une part d'appréciation et de latitude au cas d'ivresse accidentelle. La responsabilité la plus lourde reste celle de l'aide à l'évasion. Les gardiens sont de surcroît responsables de toutes les évasions imputables à leur négligence. Sur ces motifs, ils sont passibles de poursuites judiciaires pour faute grave[385].

4°) Les sanctions disciplinaires

Juridiquement, la sanction intervient lorsqu'un gardien ou tout agent de surveillance aura commis un acte contraire au règlement

---

381 On parle de prendre les repas dans leur logement par exemple.

382 Le tutoiement n'est pas autorisé.

383 La mise au pain et à l'eau ne semble pas avoir une incidence sur l'habillement du condamné souvent, ce dernier porte en hiver une veste de droguet, un pantalon de même étoffe. En été, il porte une veste de toile écrue, un pantalon, un bonnet et tourne avec trois chemises et 8 paires de sabots utilisables sur une durée de 2 ans.

384 A.-D. H.-G., 1Y6, *Règlement particulier de la prison de Villefranche, 14 janvier 1842,* sont considérés comme des dégâts et dommages punissables les malpropretés de toutes sortes, les écrits, barbouillage et dessins sur les murs.

385 Article 237 et suivants du Code pénal.

du service ou facilité un acte contraire au règlement. Lorsque la contravention est constatée, le gardien est convoqué et mis à l'arrêt ou suspendu de ses fonctions, avec ou sans privation de traitement. Le premier degré de punition est la réprimande. Lorsque l'acte est plus grave, il peut y avoir une mise à l'arrêt et une retenue d'une partie du traitement. Le degré supérieur de punition demeure une suspension de fonction ou une rétrogradation de grade, voire de classe. La punition la plus lourde est la révocation sur le motif de la gravité de l'acte ou de la récidive. Le gardien peut être révoqué sans indemnité. S'ajoutent des punitions d'ordre inférieur courantes et infligées par le directeur de circonscription. Les punitions les plus élevées ne sont prononcées que par le préfet sur proposition du directeur, et sous réserve de l'approbation du ministre. Dans les rapports généraux sur le personnel, on constate cependant très peu de sanctions disciplinaires et de nombreux avertissements. Les agents reçoivent plutôt des avancements pour bonne conduite[386].

§3. L'inspection des prisons

L'inspection générale des prisons est obligatoire et organisée par le pouvoir central. En 1849, le pouvoir exécutif divise en ce sens les prisons en cinq arrondissements, Nord, Est, Sud, Sud-Ouest et Ouest[387]. L'inspection des prisons est un contrôle de terrain[388] venant de Paris. Ce n'est qu'en 1872 que l'administration pénitentiaire

---

[386] Pour illustration, A.-D. H.-G., 1Y57, *Notes annuelles concernant les gardiens des maisons d'arrêt de justice et de correction*. A Toulouse, le 4 mai 1887, les mentions suivantes sont relevées : « agent excellent très actif malgré son âge et jouissant d'une santé robuste, fait un service très délicat avec discrétion d'une réserve que l'on rencontre rarement chez un portier », « agent dévoué mais manquant de tact et parfois de vigilance, au service ne répond pas toujours à des bonnes intentions, bonne santé, assez bonne tenue », « bonne santé, bonne conduite, bonne tenue, mais a besoin d'observer avec un peu d'énergie et d'attention, ferait un bon gardien », « bonne santé, bonne tenue, bonne conduite, actif et intelligent, mais manque un peu d'esprit d'initiative », « agent entré tard dans l'administration et ne s'est pas pénétré de l'esprit », « ancien mécanicien, inventeur d'une serrure soumise en ce moment à l'administration centrale ». Les avancements sont très peu nombreux.

[387] Arrêté sur la fixation des arrondissements d'inspection des inspecteurs généraux des prisons, 19 juin 1849.

[388] Arrêté du chef du pouvoir exécutif relatif à l'organisation de l'inspection générale des prisons et des établissements de bienfaisance, 25 novembre 1848.

supprimera l'inspection des prisons de la Seine. Chaque arrondissement se divise lui-même en trois catégories[389] : celle des maisons centrales, celle des maisons d'arrêt et celle des maisons de justice et de correction.

1°) La tournée

Les inspecteurs forment un corps de fonctionnaires dépendant du ministère de l'intérieur. Ce corps est divisé en trois sections : bienfaisance, aliénés et prisons. L'inspection est un régime obligatoire qui se déclenche selon un calendrier précis, ce à partir du 1er mai[390]. L'inspection se fait en théorie sur toutes les parties des maisons départementales puis centrales. Dans chaque établissement, l'inspecteur contrôle que le régime est bien légal selon les ordonnances et règlements ministériels. L'inspecteur a le profil d'un homme prévoyant, ayant la connaissance du droit et des questions de discipline. L'inspecteur est le supérieur hiérarchique du directeur de toutes les maisons. Il intègre une équipe de haut fonctionnaire vérifiant le système par une tournée en arrondissement. Les inspecteurs respectent un itinéraire précis et ont pour fonction d'atténuer l'inégalité qui existe entre les différents arrondissements pénitentiaires. L'inspection émet aussi des avis sur demande.

2°) La mission

Le travail d'inspection débute par la lecture des divers rapports hebdomadaires des agents et de la direction[391], le jour de l'arrivée des inspecteurs. L'inspecteur se fait, dit-on, une opinion motivée de

---

[389] Les préfets reconnaissent régulièrement la confusion des catégories pénales. A.-D. H.-G., 1Y4, *Lettre du Préfet de la Haute-Garonne sur l'état de séparation des condamnés*, 22 février 1832 ; A.-D. H.-G., 1Y4, *Rapport préfectoral de la commission au Préfet*, le Préfet constate avec le procureur que dans une même maison les condamnés pour peines et les détenus sont souvent mélangés. Ceci entraîne des inconvénients majeurs pour la police des prisons. Pour restaurer la classification légale des condamnés, le préfet exige un devis de construction pour séparer les condamnés. A.-D. H.-G., 1Y4, *Devis de construction des Ponts et Chaussées de prisons civiles et criminelles, de l'architecte Laforcade.* Certains règlements particuliers mettent en perspective cette difficulté, A.-D. H.-G., 1Y6, *Règlement particulier de la prison de Villefranche, 14 janvier 1842,* il prescrit par son article 2 que les condamnés seront toujours séparés autant que possible par nombre égal dans les trois salles.

[390] Cf. Arrêté sur la fixation des arrondissements d'inspection des inspecteurs généraux des prisons, 19 juin 1849.

[391] Le sous-directeur est un auxiliaire du directeur, il est considéré comme le second du directeur.

l'administration et de « *l'esprit qui l'anime et de la bonne et mauvaise direction qu'elle prend* ». Il précise certains points du règlement, avec le directeur qui l'informe de ses instructions et dépenses. Il jugera de l'exécution ferme, active, intelligente des règlements généraux. L'inspecteur se prononce ensuite sur les punitions[392] et peut sur place approuver, révoquer ou modifier les ordres du directeur[393]. La mission la plus délicate demeure le contrôle de la police des cachots et des chambres de discipline. L'inspection des prisons est finalisée dans un rapport annexé de tableaux adressés à l'administration[394].

3°) Les contrôles sanitaires

Depuis la Restauration, il existe une inspection sanitaire exécutée par des médecins recrutés par l'administration. Ils complètent le travail des commissions et des inspecteurs généraux. Ils sont assistés depuis 1841 par des pharmaciens, nommés par le préfet. Le médecin des prisons est un inspecteur permanent de l'état sanitaire et hygiénique de la maison. Il n'est pas toujours présent dans les infirmeries. Il est tenu pourtant de faire une visite quotidienne de sa maison[395]. Dans ces visites et consultations, il prescrit des ordonnances médicales associées aux formules des pharmaciens après

---

[392] Cf. Lettre sur les rapports des inspecteurs généraux qui doivent être adressés directement au ministre, 21 novembre 1860.

[393] En théorie, le directeur doit tout de même respecter et provoquer les rapports et avis de l'inspecteur dans les cas prescrits légalement.

[394] Pour illustration, à Toulouse, en 1872, l'inspection donne un rapport sur le service sanitaire fait par le docteur Cuson qui n'apporte pas l'accomplissement de sa tâche toute l'exactitude désirable. Les inspecteurs sont aussi circonspects sur l'état de salubrité des fosses fixes près des ateliers. Le rapport déplore qu'il n'existe pas de divisions de catégories pénales dans ces prisons. Il regrette aussi que la prison ne possède qu'un préau, l'absence d'infirmerie dans le quartier des femmes, l'insuffisance des moyens de l'infirmerie, le difficile accès à la loge du gardien, l'état des sanitaires infectes et le mauvais entretien des locaux des hommes. A toutes ces questions, une réponse est donnée par le directeur et le préfet, soit en justification, soit en modification à venir. A.-D. H.-G., 1Y8, *Rapport d'inspection générale des prisons du département de la Haute-Garonne*, Tournée 1872. Les observations sont assez redondantes d'une prison à une autre, A.-D. H.-G., 1Y8, *Rapport d'inspection générale des prisons du département de la Haute-Garonne, Prison de Muret, Prison de Saint-Gaudens, Prison de Toulouse, Prison de Villefranche*, Tournée 1872.

[395] Il contrôle aussi les mesures à prendre pour les épidémies. Circulaire concernant les mesures à prendre afin de restreindre le développement de la variole sous forme épidémique, 3 mai 1865. Circulaire sur les mesures à prendre en cas d'épidémie variolique, 9 avril 1870. L'administration prévoit aussi des traitements particuliers comme celui de la gale, Circulaire d'ensemble, Cabinet du directeur, du 20 mars 1873.

visa du directeur. Le médecin produit en parallèle des mémoires intéressant l'état général et la salubrité de son établissement. Le médecin visite en outre les ateliers, les dortoirs et tous les lieux de punition, au moins tous les quinze jours. Sur son constat, il ordonne des fumigations. Le médecin consigne en parallèle ses observations et prescriptions dans un registre *ad hoc*. Il produit obligatoirement de manière annuelle un rapport sur les maladies repérées en prison et leurs causes. Le rapport est adressé aux préfet et sous-préfet.

4°) Le contrôle de direction

Il est attribué au sous-directeur en 1845, qui produira des rapports hebdomadaires, transmis au ministère. Son rapport est un état des faits quotidiens qui englobe la discipline administrative, la police générale et spéciale de l'établissement dirigé. Il donne l'état des tensions internes et recense les menaces et injures faites aux employés, les actes de désobéissance, les attentes à la décence et les actions des détenus dignes d'éloges. Le sous-directeur mesure l'état moral de l'établissement. Il signale surtout les troubles et voies de fait ainsi que leurs causes. Il relève les méfaits perpétrés par l'administration elle-même et rapporte les erreurs de garde et de direction. Il n'a pas pourtant de pouvoir de sanction[396]. Hormis sa fonction, le sous-directeur devra s'assurer que les punitions infligées sont conformes à l'arrêté du 10 mai 1839.

Section 2. Les recours disciplinaires

Les recours du détenu contre une décision personnelle lui étant défavorable n'existent pas. Le détenu n'a pas de droit, ni de voie de recours d'annulation des actes administratifs, ni de recours d'appel contre les décisions disciplinaires. Les condamnés ne peuvent pas non plus s'adresser directement aux gardiens pour réclamer. Les employés ordinaires ne peuvent en effet pas échanger avec les détenus sous peine de révocation. Les gardiens ne peuvent jamais

---

[396] Contrairement à l'inspecteur qui passe une fois par an, le sous-directeur est constamment présent dans les lieux. Il voit l'état habituel et normal de la maison. Les rapports hebdomadaires du sous-directeur sur l'administration et la police de la maison sont un jugement plus certain que celui de l'inspection ponctuelle. Il met à la connaissance de tous une vision réelle de la maison par ses transmissions administratives. *Arrêté réglementaire pour l'exécution du décret du 12 août 1856 sur le service de l'inspection générale des prisons*, 22 septembre 1856.

répondre à une question étrangère au service posée par le prisonnier. Le détenu peut juste réclamer au registre écrit des gardiens. Il y sera retranscrit les réclamations « *en raison des besoins et des mauvais traitements éprouvés* »[397]. A partir de 1841, une boîte aux lettres est pourtant instituée par la commission de surveillance pour recevoir les plaintes des détenus. Cette boîte à lettres est une instance de réclamation formulaire. Là aussi, la boîte aux lettres n'a pas vocation à entraîner une réponse, ni une remise en cause de l'action administrative. Seule possibilité, le détenu peut solliciter par la voie écrite le juge ou les autorités supérieures. Il faut donc distinguer deux réclamations possibles : la réclamation hiérarchique et la requête extérieure judiciaire.

§1. Les réclamations personnelles

La réclamation du détenu existe et a toujours un caractère personnel. Les détenus ne possèdent donc pas de droit collectif à la pétition ou à la rectification réglementaire[398]. À ce titre, toute réunion bruyante leur est interdite, bien qu'il possède parfois des locaux de réunion. La réclamation relève toujours d'une position vécue ou d'une prétention personnelle. À ce stade, les détenus peuvent réclamer par registre et oralement devant un agent de

[397] Les réclamations des détenus sur le genre de travail qui lui a été assigné peuvent être jugées par le directeur qui prendra s'il y a lieu l'avis des officiers de santé. Le classement ainsi des détenus dans l'atelier est, sauf dérogation du directeur ou recours du Préfet, choisi de concert avec l'inspecteur et l'entrepreneur. La décision est exécutoire par provision.

[398] Cf. Instruction sur l'organisation des prétoires de justice disciplinaire dans les maisons centrales, 29 mai 1842.

direction[399], à la seule condition de prouver un bon comportement. La réclamation est une possibilité sous condition, vécue comme une faveur[400]. La réclamation n'est souvent pas une plainte mais une permission d'écrire, de secours à leur famille, d'admission à l'école, d'achat de livre ou d'habillement. Le directeur doit à cet effet garder une attitude de circonstance sur la réclamation-demande formulée, ceci en toute bienveillance. La situation est plus délicate quand le condamné adresse une plainte orale ou écrite. Le directeur la reçoit et l'inspecteur en fait état dans ses rapports. Les réclamations auprès des inspections sont peu retranscrites. La réponse de l'administration est en tout cas libre.

1°) Les réclamations orales

Le détenu peut formuler une réclamation orale spontanée devant le directeur ou tout autre représentant d'autorité, en raison de ses besoins et de mauvais traitements reçus. Tout le personnel sauf les gardiens peut recevoir oralement ou par écrit ces demandes : les

---

399 Les requêtes traitées à Toulouse sont assez contemporaines : A.-D. H.-G., 1Y21, Lettre de refus du ministre de restitution à M. Rambeau de ses revolvers retenus lors de son incarcération, 23 juillet 1903, Lettre du directeur de la circonscription pénitentiaire de Toulouse de refus de transmission de médicaments extérieurs au détenu Reyes, 22 août 1907 ; Lettre du directeur de la circonscription pénitentiaire pour autoriser une détenue Mme Raccassé à ne pas porter le costume pour bonne conduite, A.-D. H.-G., 1Y21, 31 août 1910 ; Lettre de refus du président du Conseil général de la Haute-Garonne d'autoriser de contracter un mariage pendant l'incarcération, 24 avril 1908, Lettre du Préfet de La Haute-Garonne permettant l'examen mental du détenu Tissandrié pour placement à l'asile, 27 janvier 1908 ; Dossier de demande de maintien à la prison de Muret du détenu Artaud, contenant notice individuelle du 26 octobre 2007, Demande du détenu Auban d'être en sa qualité de tailleur à la maison de Melun, du 12 octobre 1907 ; Lettre du directeur de la circonscription de Toulouse refusant toute possibilité de rencontre entre les détenus M. Birot et Mme Rodriguez, complices et parents de mêmes enfants, Mme Birrot allaitant son fils en prison, 29 août 1904 ; Lettre du directeur de la circonscription de Toulouse qui refuse une couverture supplémentaire du 31 août 1910 ; Demandes du détenu Caclus détenu à Toulouse de se faire opérer médicalement, Demande manuscrite sur papier, 27 janvier 1912. Toutes les demandes sont accompagnées d'avis de l'administration, avis souvent suivis par le Préfet. Il existe aussi des Requêtes pour célébrer un mariage en prison : A.-D. H.-G., 1Y19, Dossier du détenu Pierre à la prison d'arrêt de Toulouse de janvier 1895, Dossier du détenu Barrière à la prison d'arrêt de Toulouse de février 1900, Dossier du détenu Peyre à la prison d'arrêt de Toulouse d'avril 1904.

400 A.-D. H.-G., 1Y8, *Rapport d'inspection générale des prisons du département de la Haute-Garonne, Prison de Villefranche, Tournée 1878,* l'inspecteur remarque que sur simple faveur verbale du préfet, un détenu a été placé 3 mois en chambre de pistole avec livres du dehors, sans costume pénal et portant la barbe.

directeurs, les commissaires, les inspecteurs et les médecins. Le gardien quant à lui tient le registre de la réclamation écrite destinée aux autorités. La réclamation orale ou écrite n'éteint pas les contrôles extérieurs systématiques, effectués par l'administration et déclenchés sans aucune plainte.

2°) Les requêtes au prétoire

Le directeur peut entendre, au cours de ses fonctions de présidence de prétoire, les réclamations orales d'un détenu. Le directeur se base sur la conduite du condamné pour répondre à la requête. Il reçoit obligatoirement à la tenue du prétoire, les paroles du réclamant formulées devant le bureau. Le directeur peut aussi appeler devant lui toute personne dont il suppose que les explications le mettront en état de dissiper les doutes et de se prononcer en « *entière justice* ». Lorsque la parole du réclamant est dite, le directeur statue séance tenante. Les réclamations relatives au travail sont fréquemment formulées contre les contremaîtres, la qualité des matières premières, les préférences pour certains salariés, les tâches du travail[401] ou encore les préjudices au travail. Le directeur répond aux réclamations mais il ne peut pas céder de manière inconsidérée aux demandes des détenus, sous peine de modifier leur régime. Les sollicitations abusives peuvent être réprimées par les inspecteurs. La réclamation infondée entraîne d'ailleurs une lourde réprimande. Dès 1853, le moment de la requête est sanctuarisé. Dans certaines maisons centrales, les réclamations ne se font qu'au prétoire une fois par semaine. On y réclame désormais plus de facilités pour les correspondances, plus d'argent. Dès 1874, les directeurs ont pris l'habitude d'entendre les réclamations verbales des détenus le samedi de chaque semaine. A partir de 1923, la réclamation voit sa forme évoluer vers une voie écrite. Or, nombreux sont les détenus qui ne savent pas écrire alors que certains directeurs exigent une formulation écrite, par l'intermédiaire du gardien chef, pour réclamation au prétoire. L'écrit serait alors transformé, annoté et classé aux dossiers des réclamants. Le ministère insiste sur la formule orale des réclamations pour un accès facilité et demande que le gardien chef reçoive lui-même les détenus au réfectoire.

---

[401] Sur la question du travail en prison, P. AUVERGNON, *Droit du travail en prison : d'un déni à une reconnaissance*, Presses universitaires de Bordeaux, 2015, 283 pages.

3°) Les représentations juridiques

On pourrait imaginer que la réclamation peut être transmise à un conseil au parloir[402] lors de la visite des détenus[403]. Ceci paraît improbable, le directeur ayant autorisation de suspendre les parloirs au cas de violation réglementaire. Le détenu gagne pourtant très tôt un droit de parler à son avocat[404], comme suite de son droit de correspondance. L'idée d'une représentation juridique s'affine en 1842[405]. Au moment de la genèse de la justice disciplinaire, le plan des nouvelles prisons prévoit un cabinet pour les affaires juridiques[406]. Une chambre est instituée pour les avocats et ce local sera modernisé sous la Troisième République. Notons que toutes les prisons n'en sont pas dotées. Ainsi, les avocats ou les officiers ministériels communiquent avec les prisonniers dans un parloir spécial ou dans un local désigné. La correspondance avec les défenseurs est autorisée spécialement en faveur des prévenus et des accusés. Les autorités n'ont pas accordé expressément cette faculté au ministère d'avocat. Il n'est pas non plus spécifié que ces correspondances se font uniquement par des lettres closes. Les directeurs d'établissement peuvent s'ils le désirent, permettre des communications confidentielles. Seul le prévenu comme l'accusé peut à sa guise choisir un défenseur sur le tableau des avocats ou peut accepter un commis d'office. Les lettres adressées au défenseur sont en outre transmises depuis 1878 directement à l'adresse du conseil et sont revêtues d'une contre-signature de ce défenseur. Cette règle est

---

402 Cf. Règlement général pour les prisons départementales, 30 octobre 1841.

403 Notons que certains règlements particuliers autorisent aux prévenus dès 1842 des visites tous les jours, A.-D. H.-G., 1Y6, *Règlement particulier de la prison de Muret, du 19 mai 1842.* Elles se font pour une heure, hors appel, services religieux, avant 7 heures en hiver et 10 heures en été. Procédure presque équivalente pour le *Règlement particulier de la prison de Villefranche, 14 janvier 1842,* A.-D. H.-G., 1Y6.

404 Sur le point de vue des avocats contemporains, Conseil national des barreaux, *Des hommes et des barreaux, la prison en quête de sens,* Actes du colloque du 20 novembre 2003, Paris, 2004, 100 pages. Voir aussi, PROUVEZ (J.B.), *L'avocat au prétoire : une réforme incidente et toujours inachevée du régime disciplinaire des détenus,* Procédures, 7e année, n° 3, mars 2001, p. 3-6

405 Cf. *Loi sur l'assistance judiciaire,* 22 janvier 1850.

406 Une première vague de construction de nouvelles prisons criminelles avait été inaugurée en 1813, A.-D. H.-G., 1Y4, *Lettre de l'ingénieur en chef du corps impérial des Ponts et Chaussées employé dans le département de la Haute-Garonne,* 13 septembre 1813 sur la construction d'une nouvelle prison criminelle dans l'enceinte du Palais.

étendue au condamné ordinaire, au cours de l'ère républicaine, pour toutes les correspondances, avec les avocats ordinaires et de la Cour de cassation, toutes les fois, que le détenu souhaite former un pourvoi. Hormis cette voie du parloir, le détenu a droit de faire des lettres adressées aux autorités.

§2. La requête aux autorités

L'appel des décisions disciplinaires administratives n'est pas admis. Aucun acte disciplinaire ne peut être réformé par la juge sous la Belle Epoque. Les requêtes portent généralement sur la difficulté qu'ils éprouvent devant le prétoire. L'appel au magistrat se fait pourtant pour dénoncer la rapidité avec laquelle la procédure est menée et l'impossible défense qu'il possède. Le condamné reproche au prétoire de ne pas entendre ses explications, dans ce débat non-contradictoire[407]. Souvent, le directeur soumet la comparution à une autorisation préalable. Le détenu ne peut pourtant être jugé par contumace. Le retrait du droit de comparaître est donc grave. Pour formuler une requête contre ces dérives du prétoire, le détenu peut écrire à l'autorité hiérarchique administrative, préfet ou ministre, mais surtout à l'autorité judiciaire. Ces lettres sont qualifiées de « *remontrances et exhortations* ». Leur existence est difficile à mesurer.

1°) Les plaintes aux autorités judiciaires et administratives

Les lettres contenant des plaintes écrites sont des « *révélations* » des condamnés adressées aux institutions. L'administration doit permettre la possible écriture de ces requêtes. Elle fournit pour ce faire le nécessaire : papier, encre, plume gratuitement. La révélation est protégée et doit être cachetée au greffe de la prison, garantie jusqu'en 1853, comme transmission intégrale. La lettre est enregistrée, puis déposée au greffe, avec date de remise, indication du destinataire, nom du condamné et matricule associé. La punition de privation de correspondance ne peut dès lors s'appliquer à ces courriers. Le principe souffre pourtant d'exception. Dès 1853, les lettres anonymes contenant des plaintes sont vérifiées pour éviter qu'elles ne contiennent des menaces, des injures et des intentions criminelles. Les requêtes ne sont plus sous enveloppe mais en libres

---

407 Cf. Instruction sur l'organisation des prétoires de justice disciplinaire dans les maisons centrales, 29 mai 1842.

feuillets, pour que leur auteur soit identifié et sanctionné au cas de propos déplacés. Le fonctionnaire pénitentiaire pourra même formuler une appréciation sur certaines plaintes, et repousser les griefs qu'elle contient au moyen de notes apposées sur la lettre. Cette pratique est substituée en 1873 à des observations et éclaircissements se rattachant à l'objet de la lettre, par dépêche séparée. Désormais, la lettre est remise cachetée avec l'adresse d'une autorité judiciaire ou administrative et ne peut plus être vérifiée sous aucun prétexte, sauf ordres explicites ; l'administration centrale ne peut plus bloquer une lettre à sa destination. De la même façon, la lettre remise ouverte, sauf dérogation du ministre ou directeur, est illégale. Les lettres qui portent l'adresse *« du ministre de l'intérieur ou du chef de l'administration pénitentiaire »* ne peuvent plus être retenues par le directeur. Les directeurs sont invités ainsi à ne pas perdre ces recommandations. Notons que pour les prisons départementales cellulaires, la lettre écrite par le détenu est remise directement au maire ou au membre de la commission de surveillance. En 1923, le ministre réitère aux directeurs l'obligation de ne pas provoquer de retards dans la transmission des lettres closes adressées aux autorités judiciaires et administratives[408].

3°) La visite du juge

Depuis 1806, les juges sont chargés de visiter les prisons. L'inspection du magistrat allège les pressions et suspicions qui pèsent sur les administrateurs d'établissement. N'importe quel magistrat est autorisé à visiter une prison sur demande, en inscrivant son nom, son domicile et la date de sa visite. Le magistrat ne peut pourtant pas procéder à des investigations qui sont réservées aux préfets. Les juges visitent les personnes détenues. Ils préviennent ainsi des atteintes personnelles contraires aux règlements, sous peine d'amende et de destitution. Tout magistrat se doit de contrôler les punitions corporelles infligées au condamné. Sans qu'aucune requête ne lui soit soumise, il peut en dénoncer les exactions, les excès, les violences ainsi que les mauvais traitements. Il possède enfin un droit de regard sur la situation des détenus, sans qu'aucune procédure contentieuse ne soit engagée. Les textes préconisent

---

[408] Cf. Circulaire relative à la correspondance et la transmission des affaires dans les maisons centrales, 20 septembre 1854.

même que le juge soit le « *consolateur prêt à recevoir les plaintes des prisonniers, prêt à arranger les querelles, à procurer tous les moyens possibles et convenables pour adoucir le désagrément de la détention* ».

Le magistrat reçoit régulièrement au cours de sa visite des requêtes orales[409]. Chaque juge visite les prisons pourtant pour des missions particulières. Le juge d'instruction contrôle et signe le registre d'écrou, lui-même vérifié par le procureur général dans sa visite mensuelle dans les maisons d'arrêt[410]. Le président des assises visite quant à lui la maison de justice, avant l'ouverture de la session judiciaire, pour contrôler l'état mental et physique des accusés et l'état sanitaire. Il recueille leurs réclamations sur l'expédition des affaires et sur leur traitement. Les procureurs ont la place la plus particulière. Ils veillent à ce que les différentes maisons soient conformes aux prescriptions de la loi et vérifient, pour ce faire, les registres de matricule et d'écrou. Ils garantissent qu'aucune détention ne soit illégale ou arbitraire. Le procureur exerce son devoir de visite dans les maisons centrales de manière mensuelle et dans les autres maisons de l'arrondissement, de manière trimestrielle. Il ne se prononce pas sur le jugement. Il vérifie simplement la destination des maisons de correction et l'application des ordres du juge d'instruction, comme la mise au secret. On dit qu'il veille « *avec le plus grand soin* » à ce que les condamnés soient correctement placés dans leur catégorie, qu'ils subissent la peine pendant tout le temps du jugement. Il peut ainsi autoriser la sortie momentanée d'un détenu prévenu, avec un huissier ou un agent de la force publique[411]. Il reçoit surtout les réclamations, touchant à la personne des condamnés et la manière dont ils subissent leurs peines. Comme les autres magistrats, le procureur reçoit les requêtes des détenus mais aussi des demandes spécifiques sur la durée de leur peine, leurs droits de

---

[409] Ces demandes se distinguent des requêtes en grâce ou en remise de peines. Elles seront aussi distinctes de la libération conditionnelle. Voir en comparaison, A.-D. H.-G., 1Y22, *Instructions relatives aux grâces et remises de peines, par ordonnances royales, par fête nationale, Application des lois d'amnistie*. A.-D. H.-G., 1Y23, *Dossiers de demandes des détenus pour la libération conditionnelle.* Les dispositifs se concurrencent.

[410] *Article 611* du code d'instruction criminelle.

[411] Il faut rapporter la preuve au parquet de la réintégration du détenu dans la maison.

clémence et de grâce[412]. S'il est face à des plaintes contre les gardiens et les contremaîtres, il a le droit de les traiter. Il en informe le ministère de la justice par un rapport. Il peut signaler ces faits par procès-verbal au ministre ainsi qu'au juge d'instruction.

4°) La requête préfectorale

C'est au préfet que revient la tâche de surveiller la sûreté et la salubrité des prisons. Comme à l'accoutumée, le préfet contrôle la fourniture des vivres, la gestion de la cantine et la bonne existence des commissions de surveillance. Il lui revient aussi de contrôler le budget, le coucher, le vestiaire, le chauffage, l'exploitation des pistoles et les cantines. Le préfet est assisté dans cette mission par le sous-préfet et le maire qui le tient informé de tout passage d'étrangers dans le service. En accord avec la commission de surveillance, il effectue des contrôles de police générale sur la base des rapports et des visites. Dès le 15 juin 1819, les préfets sont poussés à produire un rapport général sur les prisons de leur ressort. Ils ont pour obligation de fournir des informations sur une série d'objets disciplinaires. Ils dressent ainsi un portrait de leur circonscription, par nomenclature contenant la durée des détentions, l'état des bâtiments, des préaux, la nature de l'air et l'existence d'ateliers. Les préfets vont surtout vérifier l'assainissement des lieux[413], les éléments de santé, le travail et l'éducation religieuse. Ils vérifient aussi comme l'inspecteur et le sous-directeur, la police des cachots, soit que les cabanons ne soient pas au-dessous du sol. Le préfet contrôle l'activité administrative. Il vérifie enfin les règlements appliqués

---

[412] Parmi les nouveaux droits de clémence, à partir de 1875, le détenu peut demander à subir sa peine en isolement par une demande formulée auprès du gardien chef ou auprès du directeur au cas de peine définitive. A.-D. H.-G., 1Y9, *Avis de l'administration pénitentiaire,* 1875, Affiche, Imprimerie de Melun. On appelle ce nouveau droit celui d'encellulement. L'affiche est placardée dans la prison, ces demandes ne retirent pas le droit aux détenus d'adresser des plis cachetés aux autorités administratives et judiciaires avec visa règlementaire, A.-D. H.-G., 1Y9, *Lettre du ministre de l'intérieur et des cultes aux préfets,* 25 mai 1901. Sur la question contemporaine de l'isolement, SEYLER (M.), *L'isolement en prison, l'un et le multiple,* Paris CESDIP Etudes et données pénales, n° 60, 1990, 163 p. ; sur l'aspect juridique contemporain, CERE (J.-P.), « Réflexions sur l'isolement disciplinaire en milieu carcéral au regard des Droits de l'Homme », *Revue pénitentiaire et de droit pénal,* 1er avril 1994, p. 109-123. Restauration d'un prétoire pour éviter toute mesure arbitraire ; HERZOG-EVANS (M.), L'isolement carcéral isolé, Conseil d'Etat, 28 février 1996, *Petites Affiches,* 23 juin 1997, n° 75, p. 16-22.

[413] A.-D. H.-G., 1Y5, Programmes et plans pour la construction des maisons d'arrêt, de justice et cellulaires, 1841. Circulaire du ministre du 9 août 1841, sur le programme des constructions de prisons. A.-D. H.-G., 1Y5, Atlas de plans de prisons cellulaires, Paris, août 1841.

dans les établissements et vérifie que la conduite des geôliers est « *humaine* ». Il contrôle en parallèle que la fréquence des visites du maire et il lui revient de dialoguer avec les associations ou groupes de charité agissant en faveur des détenus. Le rapport préfectoral est garant de la sécurité et se nomme « *Rapport sur l'état général des prisons* ».

5°) La requête médicale

La nature du service de santé des prisons est floue et sera fixée en 1860 dans un règlement destiné aux maisons centrales. Le service de santé est confié à un ou deux docteurs en médecine et ou en pharmacie, eux-mêmes assistés par un ou deux infirmiers en chef[414]. Le service de santé prend en charge le détenu à son arrivée. De manière ordinaire, il tient un registre des écritures pharmaceutiques et médicales. Seul le médecin décide de la mise en place d'un lit médical. Des conflits peuvent s'élever entre le médecin et le pharmacien ; ils seront tranchés par le directeur, ou en appel par le préfet ou le ministre. La visite médicale peut entraîner bien des exemptions de travail ou des changements de profession. Le détenu est, pour ces causes, autorisé à réclamer la visite du médecin qui doit être faite le jour ou le surlendemain de la réclamation[415]. Le directeur peut encore autoriser le médecin délégué au parquet à visiter des condamnés qui ont formé un recours. Un médecin étranger à la maison sera dépêché par le ministère pour constater l'état de santé d'un condamné. Le détenu possède en outre un recours en grâce pour constater son état de santé. Le service de santé[416] a cependant une mission générale qui est celle de traiter les maladies du détenu et effectuer la préparation et distribution dite médicamenteuse[417]. Il accueille à l'infirmerie les malades sous le contrôle du médecin. De manière extraordinaire, il devient un service d'inspection. Dans ce

---

414 Il s'agit souvent de personnel gardien ou religieux. Dans les prisons hors ville, le personnel de santé doit résider dans l'établissement, le médecin et les pharmaciens internes alors qu'en ville, le médecin et l'infirmier sont externes.

415 Cette visite est distincte de celle qui concerne la visite à l'infirmerie simple. La visite simple est faite chaque jour le matin à heure fixe de manière à ce qu'elle soit terminée une demi-heure au moins avant l'heure du premier repas.

416 Recommandations relatives à l'état sanitaire, 6 novembre 1871.

417 Les médicaments ne peuvent provenir de l'extérieur.

cas, il adresse par écrit au directeur, un avis ou rapport alertant sur la santé des détenus ou l'hygiène des lieux[418]. Au cours de ces investigations, le médecin et ses auxiliaires peuvent recevoir des requêtes.

6°) La demande d'encellulement

Le dernier type de requête possible date de la législation de 1875. Il s'agit de la demande d'encellulemement. A partir de 1875, la cellule devient un confort de droit réclamable par le détenu. Les demandes d'encellelulement sont dites adressées au directeur puis au préfet qui adresse lui-même une réponse préfectorale. Cette dernière autorise ou non l'encellulement, en faveur du détenu. Il s'agit bien d'une nouvelle mission de protection[419]. La demande est suivie par la division pénitentiaire qui accueille l'avis du procureur général. Le dossier comprend une copie de l'extrait de jugement, une copie de la notice individuelle du détenu, le rapport du médecin, la note du gardien chef et l'avis de la commission de surveillance. Lorsque la demande est validée, elle est transmise oralement au détenu. Au cas de réponse positive, l'administration est tenue de diriger le détenu vers une cellule située dans un autre établissement. La

---

418 Règlement général pour les prisons départementales, 30 octobre 1841.

419 A.-D. H.-G., IY10, Demandes d'encellulement : M. Caron, 18 octobre 1895, M. Copin, 11 septembre 1907, M. Arpizou, 10 août 1908, M. Castex, 15 août 1908, M. Cruzel, 3 septembre 1912, M. Carrière, 2 mai 1908, Mme Castex, 16 mars 1904, M. Baron, 18 décembre 1903, M. Bacquié, 1er août 1902, M. Bou, 22 octobre 1904, M. Bec, 25 mars 1902. Dans l'affaire Arpizou, le détenu est jeune et sans antécédent judiciaire. Il a aussi une très bonne conduite. Idem pour l'affaire Vivies, A.-D. H.-G., 1Y13, 28 août 1906. La demande est formulée généralement de manière scripturale de manière très sobre. Dans l'affaire Madame Castex, on lit : « Je viens solliciter votre bienveillance de bien vouloir faire le nécessaire pour ma demande d'emprisonnement cellulaire ». La direction signale que la détenue ne vit que de la prostitution et qu'elle n'a formulé cette demande que pour abréger sa détention. Le cas Carrière est plus étonnant, le détenu retire sa demande acceptée d'isolement car il craint de ne pas supporter ce régime. Dans le cas Cruzel, le parquet refuse d'autoriser la cellule, du fait de l'audace et de l'importance du vol commis, alors que la direction pénitentiaire révèle son assiduité au travail et sa bonne conduite ; un proche de Cruzel comptable à Bordeaux appuie sa demande, il souligne le repentir de son proche, sa volonté au travail et son envie de bénéficier du régime cellulaire. Lettre Affaire Cruzel, du 30 juillet 1912, A.-D. H.-G., 1Y10. Bacquié est un condamné à 15 ans de prison pour vol et recel, l'administration considère que son état de santé lui permet de subir la cellule. M. Bou est débouté pour des antécédents judiciaires trop lourds. A partir de 1908, presque toutes les demandes sont acceptées, A.-D. H.-G., 1Y11, M. Damien, 2 septembre 1909, M. Daubert, 26 janvier 1912, M. Ducaux, 6 août 1912, M. Donnadieu, 28 avril 1908, M. Costes, 5 septembre 1905, M. Capdeville, 5 novembre 1903, Mme Clermont, 13 septembre 1902. Dans le cas de Mme Clermont, il s'agit d'une demande motivée par le changement de ville.

validation semble condition de la bonne conduite du détenu, après avis de la commission de surveillance.

Conclusion

La prison de la Belle Epoque est ancienne si l'on se penche sur sa réglementation. Elle est nouvelle si l'on regarde les améliorations qu'elle a connues depuis le début du XIXe siècle, et ce, jusqu'en 1924. Ces progrès en font un lieu d'administration publique strictement réglementé par le pouvoir central. Il n'est pas étonnant d'y voir le préfet comme garant de l'ordre, de la propreté[420], de la sûreté des prisonniers, au détriment du chef d'établissement. Le directeur a bien conservé son pouvoir mais celui qui décidait autrefois du sort des détenus de la manière la plus personnelle a perdu de sa gloire. L'histoire démontre une lente centralisation du pouvoir pénitentiaire et elle prouve aussi à quel point la probité de la direction locale conditionne le bon fonctionnement du régime. Le magistrat n'est pas en reste dans ce système, exclu depuis la Révolution de l'univers de la peine, il récupère à cette période un droit de regard sur la personne du détenu. L'époque n'évoquera pourtant pas la question des droits[421], trop éloignée des préoccupations du moment. La prison de 1900 fait état d'un droit réglementaire primitif savamment construit, aspirant surtout à une meilleure direction des prisons. Pour les juristes de la Belle Epoque, la condition pénitentiaire ne peut plus demeurer une vision privée et personnelle mais doit atteindre le degré de mission publique. N'en déplaise aux chefs d'établissement. Le droit disciplinaire déterminera le comportement du détenu dans

---

420 Ceci sans en référer au maire ou commissaire de police.

421 Le premier guide des droits des détenus est publié par l'Observatoire international des prisons, cf. O.I.P., *Le nouveau guide du prisonnier*, Paris, 2000, 494 pages.

un cadre national et hiérarchique[422]. Le modèle français rejette ici clairement les stigmates de l'ancienne conciergerie[423] même si rien n'assure une protection réelle et effective à l'encontre des abus.

Certes, le principe établi sera vite décrié. Les résultats de cette tentative seront même considérés comme médiocres et les observateurs seront formels. Ils considéreront les prisons comme corrompues, infectieuses et non conformes à leur destination. L'administration reconnaît pourtant la « *dégradation et le dépérissement physique et moral* » du condamné. Il faut attendre 1926 pour que l'administration déclare solennellement la gravité de l'état sanitaire. La question dominera longtemps l'urgence pénitentiaire. Sur le terrain, l'Etat gagnera pourtant certaines victoires non-négligeables. Depuis 1839, les chefs d'établissement devront obligatoirement suivre les règlements généraux[424] et respecter un état minimum de services fournis. La direction des prisons ne pourra aussi plus être un pouvoir subjectif mais une mission objectivement définie par l'Etat. La soumission réglementaire va alors mettre sous tension tous les acteurs du régime. La Troisième République y répondra par le régime cadré d'isolement individuel[425], doté d'un règlement spécial[426]. Au point de vue interne, la fronde se cristallise alors sur la dénonciation de certaines pratiques dangereuses de punitions et sur la clarification de l'échelle disciplinaire. En 1920, la République affichera

---

[422] Le but de la discipline est simplement de prévenir l'évasion puis dans un second temps de réprimer des fautes. Toute une série de précautions sont à prendre, *Instruction concernant les précautions à prendre pour prévenir les évasions,* 15 et 25 juillet 1872. A.-D. H.-G., 1Y19, Traitement des cas d'évasions, *Dossier du détenu Pedrico à la prison d'arrêt de Toulouse de janvier 1908, Dossier du détenu Couget à la prison d'arrêt de Toulouse d'avril 1907, Dossier du détenu Lespinasse à la prison d'arrêt de Toulouse d'août 1908, Dossier de tentative d'évasion de Vernède, Fabre et Azeret à la prison d'arrêt de Toulouse de mai 1887.*

[423] Seule exception dans les prisons cellulaires de la Monarchie de Juillet dans lesquelles le Maire prononce les punitions. Tous les employés et agents lui doivent obéissance. Il veille à l'observation des mesures de police. Au sein de l'établissement, le surveillant chef est chargé de diriger les services, d'assurer la garde des détenus, du maintien du bon ordre et de la discipline.

[424] Cf. Règlement général pour les prisons départementales, 30 octobre 1841.

[425] Une des premières études contemporaines sur la nature de l'isolement, *L'isolement en prison : l'un et le multiple*, CESDIP, Ministère de la justice, 1990, Paris, 163 pages.

[426] Certains départements comme celui de la Haute-Garonne relèvent dans leur session les difficultés à appliquer la réforme des prisons de courtes peines. A.-D. H.-G., 1Y6, *Session de la 4e commission du Conseil général de Haute-Garonne de 1893.*

même une véritable échelle réglementaire des fautes et des punitions disciplinaires. Dans sa mission de police spéciale, le directeur n'y possède plus une totale liberté en matière de qualification de l'infraction et de sanction, mais se plie à une liste préétablie. La nature de la faute suit logiquement trois degrés : fautes légères, graves et très graves. Toutes les fautes sont par contre susceptibles d'aggravation selon la récidive du détenu. En 1923, un ultime pas est franchi en matière d'unification nationale, le ministre décidant que, hors les formes prévues par le règlement du 19 janvier 1923, aucun acte ne sera admis en matière de police intérieure de la prison.

C'est la fin de la diversité et de l'opacité punitives. Cela ne signifie pas pour autant que les punitions ont changé ou que les abus disparaissent. Les châtiments demeurent. Au sein de l'échelle des sanctions, se déclinent la privation sous toutes ses formes et une série de pénalités lourdes physiques dont l'usage est simplement contrôlé. La privation d'aliment et de pain sec côtoie la mise au cachot et la mise aux fers dans les cas de violence grave. Le consensus du début du siècle est pourtant de supprimer les actes disciplinaires qui dérogent aux règles d'humanité[427]. Sur le fond, la punition ne peut plus affaiblir l'individu par des restrictions alimentaires inhumaines ou encore des traitements dégradants[428]. Pour ce faire, la punition se formalise par des qualifications précises[429]. Elle deviendra abus si elle est une atteinte corporelle qui touche « *le sentiment d'honneur et l'âme du détenu* ». On condamnera aussi des méthodes de

---

427 Dans les infractions perçues comme légales, on recense : outrage aux fonctionnaires, rébellions, refus d'obéissance, vols, outrage à la pudeur, détournement ou destruction de matières, plaintes, dénonciations calomnieuses, excitation à l'insubordination contre le personnel libre ou les détenus. L'insubordination est évoquée dans le cas des jeunes détenus : *Circulaire de demande de renseignements au sujet des jeunes détenus indisciplinés ou condamnés à plus de deux ans d'emprisonnement qu'il y aurait lieu de placer dans des établissements correctionnels*, 19 juin 1866.

428 Si bien que sont tolérées les réprimandes, les privations partielles et totales de récompenses, l'emprisonnement étroit en cellule ou au cachot avec privation de lecture ou de travail. La question est plus délicate pour la privation alimentaire et la camisole de force ou tout autre moyen de stopper violence ou fureur.

429 Sur la réflexion d'un contrôle des établissements pénitentiaires, G. CANIVET, *Amélioration du contrôle extérieur des établissements pénitentiaires*, ministre de la justice, La documentation française, Paris, 2 volumes, 2000, 263 pages, 339 pages.

rabaissement et de bassesses corporelles[430], dites traditionnelles, comme le fouet. On redéfinira enfin la punition par la prise en compte de l'état de santé du prisonnier et de son évolution comportementale. La peine disciplinaire de la Belle Epoque n'est autre qu'une quasi-peine légale, modulable toujours prononcée par le directeur, dans le respect des règlements. Elle a en outre de nouveaux caractères : proportionnelle, mobile et solennelle, quand elle est prononcée par le prétoire. Ceci ne suffit pas à attester de l'existence de véritables garanties en faveur du détenu. Il est certain que le directeur qui prononce une peine, n'est plus le maître absolu et doit rendre des comptes[431]. Sa décision est malgré tout exécutoire. Tout détenu du début du siècle la reçoit même s'il peut, sous condition, réclamer auprès des autorités supérieures. Il ne s'agit pas pour autant d'un droit de recours contre une décision à son encontre mais d'une révélation dont l'issue est incertaine. Le prétoire participe à cette protection mais sa procédure demeure défavorable aux condamnés[432]. Seul le contrôle hiérarchique peut en réalité corriger les abus répressifs, identifiés comme « *sans motifs sérieux ou d'autres peines non autorisées* »[433]. Le rapport consigné incarne la possibilité de cette voie[434], le règlement d'administration publique sa seule loi. Si bien que le règlement du 19 février 1923 vient parachever les règles et corriger les derniers rapports de force, en faveur du pouvoir central. Il introduira contre les acteurs corrompus[435], le directeur de circonscription, dernier décideur en matière de contrôle administratif. On

---

[430] Le socle commun des punitions est : l'exhortation, l'avertissement, la privation de nourriture, les arrêts en cellule éclairée ou en cellule sombre avec maigre nourriture, avec ou sans lit, le retrait de privilèges, la diminution du pécule, la mise à un autre ouvrage, la relégation d'isolement en privation de communauté, l'exclusion de l'école, la restriction de la jouissance de bibliothèque, la restriction de correspondance, ou de visite. La peine disciplinaire doit tenir compte de l'individu et ne doit pas être nécessairement sévère mais autorisée.

[431] Le directeur fait mention des peines qui sont prononcées à l'issue du prétoire. Il spécifie les causes de cette peine sur un registre et ce registre sera soumis plus tard à l'inspection. Les détenus doivent toujours obéissance aux fonctionnaires et aux agents ayant autorité dans la prison et ce, « *dans tout ce qu'ils leur prescrivent pour l'exécution des règlements* ».

[432] Voir, H. H.-A. *Sciences et pratiques pénitentiaires en France, XIXe-XXe siècles,* Edition L'Harmattan, Paris, 2014, 393 pages.

[433] *Article 615* du code d'instruction criminelle.

[434] On préconise toujours un signalement par une note établie avant la tenue du prétoire.

[435] Cf. Règlement général pour les prisons départementales, 30 octobre 1841.

devra attendre l'ère du droit pénal contemporain marquée par l'abolition des peines d'élimination et l'adoucissement du discours pénal[436], pour voir le droit pénitentiaire atteindre les caractères d'une règle plus juste. Il offrira tardivement un recours juridictionnel administratif aux individus privés de leur liberté et une protection supra-nationale digne de la nature humaine du droit[437]. Il nécessitera bien du temps, et des efforts des juristes et particulièrement des universitaires, pour que les détenus soient considérés comme de véritables sujets de droits[438].

436 La dernière pièce de l'édifice réalisée par le Garde des sceaux Robert Badinter.

437 La thèse est défendue dès 1998 par l'universitaire français Jean-Paul Céré, CERE (J.-P.), *Le contentieux disciplinaire dans les prisons françaises et le droit européen*, Logiques juridiques, Série Sciences criminelles, 1998.

438 La thèse est défendue dès 1998 par l'universitaire français Eric Péchillon, PECHILLON (E.), *Sécurité et service public pénitentiaire*, L.G.D.J., Bibliothèque de droit public, Paris, 1998, 204 pages. Voir, MONNIER (A.), *Le détenu, un sujet de droit*, Mémoire de D.E.A., Droit pénal et sciences sociales, Paris II, 2001, 71 p.

Index

Bibliographie

AUVERGNON (P.), *Droit du travail en prison : d'un déni à une reconnaissance,* Presses universitaires de Bordeaux, 2015, 283 p.

BABINET (B.), BOURGEY (C.), JOMIER (R.), *Des bibliothèques en prison, carnets de santé,* Paris, 2015, 109 p.

BADINTER (R.), *La prison républicaine,* 1871-1914, Fayard, 1992, 429 p.

BARAUDE (H.), *Enfers d'Allemagne, Les Geôles allemandes,* Paris, 1921, 223 p.

BARBELETTE (P.), *La situation du détenu face aux sanctions disciplinaires,* Mémoire de D.E.A., Droit public, Paris, Panthéon-Assas, 2003, 91 p.

BILAL (D.), MENARD (M.), *L'uniforme du personnel des prisons, de la Restauration à nos jours,* Ministère de la justice, Paris, 1986, 88 p.

BELOUBET FRIER (N.), *Pouvoirs et relations hiérarchiques dans l'administration française,* thèse de l'université de Lille III, 1991, Paris, 844 pages.

BESANCON (A.), *La libération conditionnelle depuis le code de procédure pénale,* Librairie générale de droit et de jurisprudence, Paris, 1970, 317 p.

BONGERT (Y.), *Histoire du droit pénal,* Réédition coordonnée par O. DESCAMPS et L. DE CARBONNIERES, Ed. Panthéon-Assas, Paris, 2012, 519 p.

BILALIAN (D.), *Prisons : la vérité,* Presses de la cité, Paris, 1986, p. 214

BOURGOIN (N.), GALINDO (C.), La règle et son application : la punition en prison, *Revue de science criminelle et de droit pénal comparé,* 2004, n° 2, p. 323-337

BOUSSARD (S.), *Les droits de la personne détenue,* Dalloz, Paris, 2013, 342 p.

BRAJAT (S.), *Essai sur les mesures d'ordre intérieur administratives,* Mémoire de DEA, Université de Toulouse, Faculté de droit, 1988, 102 p.

CABANEL (G.-P.), CACHOT (J.), CHENAIN (L.), *Prisons, les verrous et le droit,* Edition Assas, Paris, 2002, 148 p.

CANTARELLA (E.), GALLET (N.), *Les peines de mort en Grèce et à Rome : origines et fonctions des supplices capitaux dans l'Antiquité classique,* Albin Michel, Paris, 2000, 320 p.

CANIVET (G.), *Amélioration du contrôle extérieur des établissements pénitentiaires,* ministre de la justice, La documentation française, Volume II, Paris, 2000, 339 p.

CARBASSE (J.-M.), *Histoire du droit pénal et de la justice criminelle,* 3e Edition, PUF, Paris, 2014, 542 p.

CARRE (J.), *La prison des pauvres : l'expérience des workhouses en Angleterre,* Impulsion, Coll. Chroniques, Paris, 2016, 537 p.

CARLIER (C.), Histoire des prisons et de l'administration pénitentiaire française de l'Ancien Régime à nos jours, *Criminocorpus*, *Varia*, 14 février 2009

CASIL-HUGUES (G.) (dir), Santé et prison, *Le cahier du droit de la santé,* 2015, n°21, p. 29-40

CERE (J.-P.), Le nécessaire contrôle du pouvoir disciplinaire dans les prisons françaises, *Revue de science criminelle et de droit pénal comparé,* juillet-septembre 1994, n°3, p. 597-611

CERE (J.-P.), « Réflexions sur l'isolement disciplinaire en milieu carcéral au regard des Droits de l'Homme », *Revue pénitentiaire et de droit pénal*, 1er avril 1994, p. 109-123.

CERE (J.-P.), Réflexions sur l'isolement disciplinaire en milieu carcéral au regard des droits de l'homme, *Revue pénitentiaire et de droit pénal*, 118e année, 1994, n° 2, Avril-juin, p. 113-123

CERE (J.-P.), *Le contentieux disciplinaire dans les prisons françaises et le droit européen*, Logiques juridiques, Série Sciences criminelles, 1998, 400 p.

CERE (J.-P.), *Les systèmes pénitentiaires dans le monde*, Ed. Dalloz, Coll. Thèmes et commentaires, Paris, 2001, 388 p.

CERE (J.-P.), Les droits des détenus sous la Ve République : de réels progrès ?, *Revue Française d'Administration Publique*, 2002, p. 417-426

CERE (J.-P.), Fondements et modalités des différents scenarii possibles pour la réforme de la procédure disciplinaire en prison, *Gazette du Palais*, 9 au 11 juin 2002, p.949-957

CERE (J.-P.), PECHILLON (E), Le contrôle du placement à l'isolement : une nouvelle étape dans la formation du droit pénitentiaire, *Revue pénitentiaire et de droit pénal, Bulletin de la Société générale des prisons et de législation criminelle*, 127e année, 2003, n° 2, p. 389-406

CERE (J.-P.), Le droit disciplinaire pénitentiaire entre jurisprudence interne et européenne, *AJ Pénal*, 2005, p. 393-401.

CERE (J.-P.), *Droit disciplinaire pénitentiaire*, Ed. L'Harmattan, Paris, 2011, 188 p.

CERE (J.-P.), Feu sur le nouveau droit disciplinaire pénitentiaire, *AJ Pénal*, 2011, p. 172-175

CERE (J-P.), Les règles pénitentiaires européennes et les conditions de détention, *Gaz. Pal.*, n° 39-40, 2013, p. 19-20

CERE (J-P.), The european court of human rights and the protection of prisonners'rights, *International journal on criminology*, 2016

CERE (J.-P.), *La prison*, 2e édition 2016, Collection du droit, Dalloz, Paris, 163 p.

CERE (J.-P.), *Code de procédure pénale*, édition 2016, 57 édition J.F RENUCCI et A. CASTEROT, Paris, 2017, 228 p.

CHAUVENET (A.), ROSTAING (C.), ORLIC (F.), *La violence carcérale en question*, PUF, Paris, 2015, première édition 2008, 374 p.

CHIAVARIO (M.), Les principes du procès pénal et leur mise en œuvre dans les procédures disciplinaires- Rapport général, *Revue internationale de droit pénal*, vol. 74, no. 3, 2003, p. 663-705.

CLAVEL-FAUQUENOT (M.-F.), MARTIGNIER (N.), RIGAUD (F.), *Droit disciplinaire*, 2004, Liaisons sociales, 2004, 98 p.

CLAUSTRE(J.), *Dans les geôles du roi, la prison pour dette à Paris, à la fin du Moyen Âge*, Paris, Publications de la Sorbonne, 2007, 495 p.

CLIQUENNOIS (G.), Le management des prisons : vers une gestion des risques et une responsabilité des détenus, Collection Crime, Bruxelles, 2013, 350 p.

COUVRAT (P.), Le contrôle du juge sur les sanctions disciplinaires en prison au siècle dernier, *Revue de science criminelle et de droit pénal comparé*, 1988, n° 4, p. 751-755

Conseil national des barreaux, *Des hommes et des barreaux, la prise en quête de sens*, Actes du colloque du 20 novembre 2003, Paris, 2004, 100 p.

COMBEAU (P.), *L'activité juridique interne de l'administration : contribution à l'étude de l'ordre administratif intérieur*, Thèse de la faculté de droit de Bordeaux, 2000, 633 p.

COMBESSIE (P.), *Sociologie de la prison*, Nouvelle Edition, La Découverte, Paris, 2004, 126 p.

CORDONNIER (D.), *Geôles Allemandes*, 1942-1943, Imprimerie de l'Observateur, 1945, 154 p.

C.R.P.N.P.C. (Centre régional de la photographie Nord-Pas-de-Calais), *Clairvaux 1992-1993*, 1993, S.L., S.E., 24 p.

J. DE DARDEL, *Exporter la prison américaine : le système carcéral colombien à l'ère du tournant punitif*, Editions Alphil, Presses universitaires suisses, 2016, 264 p.

DARNETON (R.), Vies privées et affaires publiques sous l'Ancien Régime, *Actes de la recherche en sciences sociales*, 4/2004 (n° 154), p. 24-35

DAVIS (A.), *La prison est-elle obsolète*, Vauvery, 2014, 160 p.

DEGEZ-SELVES (C.), *Une société carcérale : la prison de la conciergerie (fin XVIe-Milieu XVIIe siècles)*, Thèse de la faculté de lettres de Paris Sorbonne, Paris, 2013, 705 p.

DEGOFFE (M.), *Droit de la sanction non-pénale*, Economica, Paris, 2000, 375 p.

DELARUE (J.-M.), CHOLET (D.), *Les nouvelles prisons : enquête sur le nouvel univers carcéral français*, PUR, Rennes, 2015, 368 p.

DELBREL (S.), RICO (J.), *La lettre et la loi : endroit et envers du prétoire*, Institut de sciences criminelles et de la justice, Ed. Cujas, Paris, 2015, 294 p.

DE GIORGI(A.), *Rethinking the political economy of punishment : perspectives on post-fordism and penal politics*, Advances in criminology, Paris, 2006, 347 p.

DENAMIEL (I.), *La responsabilité du détenu dans la vie carcérale*, Bibliothèques de droit, L'Harmattan, 2006, 133 p.

DEGUEZ.A.(C.)., *Un univers carcéral (XVIe-XVIIe siècles) la prison de la Conciergerie et sa société,* Thèse de l'Ecole nationale des Chartes, 2005, Paris.

DINDO (S.), *Parlons prison : en 30 questions,* La documentation française, Paris, 2015, 92 p.

DONIER (V.), *La régulation par le juge de l'accès au prétoire,* Ed. Dalloz, Paris, 2013, 294 p.

DORLHAC DE BORNE (H.), *Changer la prison*, Plon, Paris, 1984

ERES (D.), LHUILIER, *Le choc carcéral, survivre en prison,* Fayard, Paris, 2001, 299 p.

FORTOLIS (L.), *Les Anglais en France*, Paris, 1923, 291 p.

FRADET (E.), *Les répressions des violences commises par les détenus dans les établissements pénitentiaires,* Thèse de doctorat de la faculté de droit de Poitiers, sous la direction de Geneviève Giudicelli-Delage, 2001, 447 p.

FRAYER LALEIX (A.), *Dans la peau d'un maton,* Fayard, Paris, 2011

Ecole française de Rome, *Du châtiment dans la cité : supplice et peine dans le monde antique,* Paris, 1984, 590 p.

ELVETH (D.), *Lettres de Clairaux, correspondance d'un prisonnier,* L'Harmattan, Paris, 2008, 178 p.

FALXA (J.F.), *Le droit disciplinaire pénitentiaire : une approche européenne, Analyse des systèmes anglais, gallois, espagnol et français à la lumière du droit européen des droits de l'homme,* Thèse de doctorat en droit de la faculté de Pau, sous la direction de Jean-Paul Céré et de Laura Zuniga Rodriguez, 2014, 185 p.

FASSIN (D.), BOUAGGA (Y.), COUTANT (I.), *Juger, réprimer, accompagner. Essai sur la morale de l'Etat,* Ed. du seuil, Paris, 2013, 416 p.

FIZE (M.), « Punir en prison au XIXe siècle », *Revue de science criminelle et de droit pénal comparé*, 1982, n° 4, p. 809-811

FIZE (M.), *Les répressions des violences commises par les détenus dans les établissements pénitentiaires*, Thèse de doctorat, droit, Poitiers, 2001, 447 p.

FIZE (M.), *La répression disciplinaire dans les prisons françaises métropolitaines au XIXe siècle*, Ministre de la justice, Centre national d'études et de recherches pénitentiaires, Collection Archives pénitentiaires, novembre 1982, 57 p.

FORTOLIS (L.), *Les Anglais en France*, Paris, 1923, 291 p.

FRAYSSINET (F.), *Quatre saisons dans les geôles de la IVe République*, Monte Carlo, 1953, 189 p.

GANZ (O.), DE BRUYCKER (D.), *Architecture des geôles*, Nice, 2003, 64 p.

GAUME (H.), *La prison, le plus grand hôtel de France ?*, Editions la Simarre, Joué-lès-Tours, 2016, 291 p.

GASSON (F.), Remarques sur la sanction du droit pénitentiaire, *La sanction du droit, Mélanges offerts à Pierre Couvrat,* Paris, PUF, 2001, p. 1683-1740.

G.E.N.E.P.I., *La prison, une institution au cœur de la société, les relations entre la société civile et l'institution pénale*, CACHAN, Paris, 1998, 106 p.

GHELFI (F.), *Le droit de l'exécution des peines. Espoirs ou désillusions,* L'Harmattan, Paris, 2014, 160 p.

GHOUL (F.,) *Contribution à l'étude du régime des prisons en France sous le règle de Louis XIV*, 1670-1717, Publication de l'Université de Tunis, Faculté de lettres et de droit, Paris, 1987, 496 p.

GIRARD (P.), *Voyage à l'intérieur des prisons*, Imprimerie Durand, Paris, 1987, 149 p.

GOUSSE (V.), *La libération conditionnelle à l'épreuve de la pratique*, Bibliothèque de droit pénitentiaire, L'Harmattan, 2008, 135 p.

GUIZOT, *Nouveau dictionnaire universel des synonymes de la langue française*, numéro 199, 1859, 5e Reddition, Revue et considérablement augmentée, Première partie, Imprimerie Chez Bonaventure et Ducessois, 500 p.

HADJAB (B.), *L'évolution de la répression disciplinaire en prison,* Mémoire de D.E.A, Administration publique, Lyon 2, 2001, dact, 80 p.

HEDHILI-AZEMA (H.), *Sciences et pratiques pénitentiaires en France, XIXe et XXe siècles*, L'Harmattan, Paris, 2014, 396 p.

HEDHILI-AZEMA (H.), Regard sur l'histoire pénitentiaire et ses institutions en France depuis le XIXe siècle, *Revue pénitentiaire et de droit pénal,* Reddition Cujas, 2011, p. 71-83.

HEDHILI-AZEMA (H.), L'influence de la doctrine française sur la politique de construction des prisons au XIXe siècle, *L'architecture carcérale, Des mots et des murs,* Editions Privat, sous la direction de F. Dieu, P. MBanzoulou, Ecole nationale d'administration pénitentiaire, p. 35-41.

HEDHILI-AZEMA (H.), Les récidivistes, représentations et traitements de la récidive XIX-XXIe siècle, *Les récidivistes, représentations et traitements de la récidive XIX-XXIe siècle,* Collection Histoire, Presses universitaires de Rennes – avec l'aide du GIP « Mission de recherche Droit et Justice », 2010, p. 169-184.

HEDHILI-AZEMA (H.), La science pénitentiaire et la faculté de Toulouse, XIXe-XXe siècles, *Les facultés de Province au XIXe siècle, Bilan et perspectives de la recherche,* Tome II – Etudes d'histoire du droit et des idées politiques, n°15, CTHDIP, sous la direction de P. Nelidoff – Presse de l'université Toulouse 1 Capitole, p. 123-147.

HEDHILI-AZEMA (H.), Le suivi des personnes placées sous-main de justice dans la réforme Amor, *L'efficacité du suivi des personnes placées sous-main de justice,* CIRAP, 2016, sous la direction de Paul Mbanzoulou, p. 23-32.

HEDHILI-AZEMA (H.), La réforme pénitentiaire impulsée par Paul Amor, *L'administration pénitentiaire, 1945, 1975, 2015, Naissance des réformes, problématiques, actualités,* Journée d'études internationales, sous la direction de Annie Kensay, Collection Travaux et Documents, Direction de l'administration pénitentiaire, 2016, p. 35-49.

HEDHILI-AZEMA (H.), Politiques pénitentiaires et criminologie en Europe, *Criminologie et pratiques pénitentiaires, une voie vers la professionnalisation des acteurs*, sous la direction de Paul MBanzoulou, Les presses de l'ENAP, 2015, p. 21-32

HEDHILI-AZEMA (H.), L'idée de proportion dans les débats sur la réforme pénale de 1830, *La justice entre théologie et droit,* Colloque international, CTHDIP, sous la direction de Christine Mengès-Le-Pape, Presses de l'université de Toulouse I, 2016, p. 519-530.

HEDHILI-AZEMA (H.), Règles de droit et règlements pénitentiaires, en France au XIXe siècle, *Enfermements II, Règles et dérèglements en milieu clos (XIV-XIXe siècles),* sous la direction d'I. Heullant-Donat, J. Claustre, Elisabeth Lusset, F. Bretschneider, Publication de la Sorbonne, 2015, p. 49-62

HERZOG-EVANS (M.), L'isolement carcéral isolé, Conseil d'Etat, 28 février 1996, *Petites Affiches*, 23 juin 1997, n° 75, p. 16-22

HERZOG-EVANS (M.), Prétoire des prisons, la défense introuvable, (Cour administrative d'appel de Paris, 30 janvier 1997), *Petites Affiches*, 6 août 1997, n° 94, p. 20-24

HERZOG-EVANS (M.), Les sanctions pénitentiaires occultes, *La sanction du droit*, Mélanges offerts à Pierre Couvrat, Paris, PUF, 2001, p. 471-487

HERZOG-EVANS (M.), *Droit de la sanction pénitentiaire,* Dalloz, Paris, 2004, 454 p.

HILLAIRET (J.), *Gibets, piloris, cachots du vieux Paris,* Editions de Minuit, Paris, 1988, 356 p.

HOWARD. (J.), *L'état des prisons, des hôpitaux et des maisons de force en Europe au XVIIIe siècle,* Reddition de l'Atelier, Paris, 1994, 378 p.

JACQUOT (S.), RAIMBOURG (D.), BADINTER (R.), *Prison, le choix de la raison,* Economica, Paris, 2015, 100 p.

KHOSROKHAVAR (F.), *Prison de France, violence, radicalisation, déshumanisation : surveillants et détenus parlent,* Robert Laffont, Paris, 2016, 675 p.

LACHAISE (M.), *L'œil de Clairvaux : à travers les murs de la prison,* Pompone, 2015, 132 p.

LACROIS (D.), *De la punition à la sanction éducative,* Anthéa, Draguignan, 2008

LAINGUI (A.), *Histoire du droit pénal,* Paris, Cujas, 2000, 158 p.

LAMBERT (G.), *Le mitard, un analyseur de la discipline pénitentiaire,* Thèse de sociologie de la faculté de Besançon, sous la direction de Jean Michel Bessette, 2014, 272 p.

LAMBIN (S.), *Prisons et prisonniers dans le Nord sous la IIIe République,* Thèse de doctorat d'histoire moderne et contemporaine, Université de Lille, sous la direction de Jean-paul Barrière, 2013

LANDAIS (T), L'évolution de l'action disciplinaire, Vers un contrôle juridictionnel du prétoire ?, *Revue pénitentiaire et de droit pénal,* 1990, p. 269-313

LEHALLE (S.), *La prison sous l'œil de la société ? Contrôle du respect de l'Etat de droit en détention en France et au Canada,* L'Harmattan, Paris, 2013, 369 p.

LOHRO (G.), PELISSIER P., *Le droit des peines,* L'Harmattan, Paris, 2003, 120 p.

LOPEZ (J.-C.), *Trente-deux ans derrière les barreaux, mémoires d'un gardien de prison,* L'Harmattan, Paris, 2006, 268 p.

MAHOUCHI (M.), Le contrôle juridictionnel des mesures d'isolement administratif en milieu pénitentiaire, Cour administrative d'appel de Paris, 5 novembre 2002, *Petites Affiches*, 12 juin 2003, n° 117, p. 15-21

MALEVILLE (A.-M.), *Influence du règlement disciplinaire sur les infractions et les sanctions disciplinaires, étude sur la prison de Tarbes*, Mémoire de D.E.A., Droit pénal et sciences criminelles, Pau, 1980, 51 p.

MARTINAGE (R.), *Histoire du droit pénal en Europe*, Que sais je ?, PUF, 1998, 127 p.

MATHIEU (H.), *Prisons de femmes*, Marabour, Paris, 1987, 221 p.

Mélanges M. Vitu, *Droit pénal contemporain*, Mélange en l'honneur d'André Vitu, Cujas, Paris, 468 pages.

MENARD (M.), *Les agressions commises par les détenus contre les membres du personnel dans les établissements pénitentiaires de la métropole, 1982-1983,* Direction de l'administration pénitentiaire, 1984, 65 p.

MENU (B.), *Le juste et le sacré : les territoires de la faute dans l'Egypte ancienne en Mésopotamie et dans la bible,* L'Harmattan, Collection Droit et cultures, Paris, 2016, 216 p.

Ministère de la justice, *Architecture et justice, Deux siècles d'évolution,* DAP, Paris, 1988, 72 p.

MINET-LETALLE (C.), CARTON (O.), TACHON (R.), *De la liberté à la prison : regards croisés sur la privation de liberté,* Paris, L'Harmattan, 2016, 235 p.

Mission de recherche droit et justice, *La violence carcérale en question,* Paris, 2005, 347 p.

MONNIER (A.), *Le détenu, un sujet de droit*, Mémoire de D.E.A., Droit pénal et sciences sociales, Paris II, 2001, 71 p.

MORET BAILLY(J.), *Les institutions disciplinaires,* Mission Droit et recherche, Paris, 2003, 150 p.

MOURON (A. S. F.), *Des actions pénales, des poursuites disciplinaires,* Thèse de la faculté de droit de Paris, 1885, 194 p.

MURIE (Y.), *Les enfermés de Cherbourg,* Imprimerie Jouve, Mayenne, 2006, 119 p.

NILS (C.), *L'industrie de la punition : prison et politique pénale en occident,* Reddition Autrement, Paris, 2003, 218 p.

OBRIEN (P.), *The promise of punishment, prisons ninetenth-century*, Princeton University, 1982, 342 p.

OUCHARD (G.), *Vivre la prison : des familles face à l'incarcération d'un proche,* L'Harmattan, UFRAMA, Paris, 2007, 106 p.

O.I.P., Section française, *Régime disciplinaire en prison,* Paris, 1998

O.I.P., (Observatoire international des prisons), *Le nouveau guide du prisonnier,* 2000, 494 p.

PAULIAT (H.), NEGRON (E.), BERTHIER (L.), *La prison : Quels droits ?,* Actes du colloque organisé à Limoges le 7 octobre 2011, Limoges, 2013, 167 p.

PAUCHET (C.), *Les prisons de l'insécurité,* Paris, Editions ouvrières, Collection Comprendre pour agir, 1982, 210 p.

PATRICK (F.), La recevabilité des recours formés contre des mesures disciplinaires prises à l'égard de détenus et de militaires est admise, *Revue universelle des droits de l'homme*, 27 décembre 1995, p. 323-334

PERROT (M.), *Les ombres de l'histoire : crime et châtiment au XIX*^e^ *siècle,* Flammarion, Paris, 2001, 427 pages.

PECHILLON (E.), *Sécurité et droit du service public pénitentiaires*, LGDJ, Bibliothèque de droit public, Paris, 1998, 627 p.

PIERRE (E.), *L'article 44 alinéa 2 de la loi pénitentiaire du 24 novembre 2009, protection de l'intégrité physique des personnes détenus et responsabilité de l'Etat*, Mémoire de MII, sous la direction de François février, 2016.

PONCELA (P.), La mise à l'isolement, *Revue de science criminelle et de droit pénal comparé*, 1997, n° 2, avril-juin, p. 447-451

PONCELA (P.), La procédure disciplinaire carcérale dans la tourmente, *Revue de science criminelle et de droit pénal comparé*, 2001, n° 4, octobre-décembre, p. 872-880

POTTET (E.), *Histoire de la conciergerie du palais de Paris depuis les origines jusqu'à nos jours*, Paris, Maison Quantin, Compagnie générale d'impression et d'édition, 1887, pages, 272 p.

PLOUVIER (E.), Les « fauves », le mitard et l'avocat, *Justice*, n° 152, avril 1997, p. 11-13

PRALAS DUPUY (J.), La répression disciplinaire de l'infraction pénale, *Revue de science criminelle et de droit pénal comparé*, avril-juin 1992, n° 2, p. 229-258

PRAIRAT (E.), *Penser la sanction : les grands textes*, Le Forum, L'Harmattan, Paris, 2012, 312 p.

PROUVEZ (J.B.), L'avocat au prétoire : une réforme incidente et toujours inachevée du régime disciplinaire des détenus, *Procédures*, 7e année, n° 3, mars 2001, p. 3-6

PRECIADO, (D), *Sanctions disciplinaires en milieu carcéral,* Mémoire de DEA, Sciences criminelles, Faculté de droit de Toulouse, 1992, 119 p.

PLOQUIN (F.), *La prison des caïds,* Plon, Paris, 2011, 248 p.

RASIN (F.), *Annales d'Hygiène publique et de médecine légale*, Tome Sixième, 1831, p.

RAYNAL (F.), *Prisons, quelles alternatives,* Corlet, 2000, 207 p.

RICARD (S.), *Un récit pour témoigner de l'indignité d'un système*, Futuropolis, Paris, 2012, 97 p.

Rapport d'activité du contrôleur général des lieux de privation de liberté, Dalloz, Paris, 2009, 169 p.

SAMMUT (F.), LUMBROSO (P.), SERANOT (C.), *La prison : une machine à tuer ?,* Edition du Rocher, Paris, 2002, 259 p.

SCALLIA (D.), *Droit international de la détention : des droits des prisonniers aux devoirs des Etats,* L.G.D.J., Paris, 2015, 518 p.

SEYLER (M.), L'isolement en prison, l'un et le multiple, Paris CESDIP, *Etudes et données pénales*, n° 60, 1990, 163 p.

SILLAM (J.), *La faute disciplinaire du détenu atteint d'une pathologie grave,* Thèse de doctorat en droit, de l'Université de Paris 8, sous la direction de Francine Demichel, 2004, 239 p.

Société internationale de droit pénal militaire et de droit de la guerre, *Action pénale et action disciplinaire : premier congrès,* Strasbourg, 1960.

STURMEL (P.), *Justice et discipline militaires sous la Révolution et l'Empire, la dixième division militaire,* Thèse de doctorat, sous la direction du professeur Jacques Krynen, Université de Toulouse Capitole, Faculté de droit, Histoire du droit et des institutions, CTHDIP, 1998.

TOURAT (C.), *La famille à l'épreuve de la prison,* PUF, Paris, 2012, 293 p.

TOURNIER (P.), « Jeunes en prison » in *Revue pénitentiaire et de droit pénal,* 1er avril 1994, p. 135-159

TOURNIER (P.-V.), *La prison : une nécessité pour la République,* Paris, 2013, 260 p.

VEMEUIL (A.), TERRUSSE (M.), *La bibliothèque : une fenêtre en prison,* A.B.F., Collection Médiathèmes, 2015.

VINCENT (L.), *La libération conditionnelle, loi du 14 août 1885,* Thèse de la faculté de droit de Paris, A. Rousseau, Paris, 1898, 304 p.

VIMONT (J.-C.), *Punir autrement, les prisons de Seine-inférieure pendant la Révolution*, CRDP, Rouen 1989, 144 p.

VIRION (V), *La procédure disciplinaire en détention*, Mémoire de D.E.A., Droit pénal et sciences criminelles, Bordeaux 4, 2002, 83 p.

ZAAROUI (R.), *Les dispositifs corporels dans la moralisation du prisonnier aux XIXe et XXe siècles (1791-1937),* Mémoire de MII, sous la direction de Serge Fauché, Université de Lettres de Bordeaux, 2009

ZAY (J.), *Ecrits de prison, 1940-1944*, Paris, Belin, 2014

Sources

Dépouillement de l'ensemble des sources réglementaires produites par le ministère et les directions pénitentiaires de 1800 à 1928.

Dépouillement de la série Y des archives départementales de la Haute-Garonne de 1800 à 1908

1Y1 Correspondance du préfet avec l'administration pénitentiaire, le général commandant le corps d'armée et les sous préfets (1902-1913)

1Y2 Règlement concernant la prison centrale d'Eysses, près Villeneuve d'Agen. Instructions sur la comptabilité de cette prison. Tableaux des condamnés de la Haute-Garonne dirigés à Eysses (1808-1811)

1Y4 Instructions et devis pour l'aménagement des prisons du département avec chapelles, chambres de gène et locaux pour la remise d'échafauds et instruments de supplice (An X-1836)

1Y5 Programmes et plans pour la construction des maisons d'arrêts, de justice et cellulaires (1841)

1Y6 Règlements du préfet pour les prisons du département. Instructions ministérielles (An VIII-1907)

1Y7 Rapports des sous-préfets, maires, commissaires de gouvernement sur les prisons municipales dans le département (An IX-1814).

1Y8 Institution des commissions de surveillance. Rapports des commissions, des préfets, des inspecteurs, sur la salubrité, le régime et le travail des détenus (1814-1911).

1Y9 Application de la loi du 5 juin 1875 sur l'emprisonnement cellulaire et le régime de séparation individuelle dans les maisons d'arrêts, de justice et de correction. Instructions ministérielles (1895-1912)

1Y10/11/12 Dossiers de demandes d'encellulement pour les maisons de Foix et Montauban (1895-1912)

1Y15 Punitions infligées aux détenus dans les prisons du département (1893-1908)

1Y19 Evénement graves : assassinats, suicides, évasions (1896-1906)

1Y20 Détenus décédés (1896-1906)

1Y21 Correspondance des détenus, recours en Grâce, exemption du régime commun, réclamations (1879-1913)

1Y39 Règlements concernant les pénitenciers de Paris, Lyon, Marseille, Toulouse (1849)

1Y41 Rapports des conseils de surveillance (1850-1865)

1Y55 Retenues sur le pécule des détenus pour bris, dégradations, malfaçons (1892-1897)

Table des matières

www.ingramcontent.com/pod-product-compliance
Lightning Source LLC
LaVergne TN
LVHW021221061026
849535LV00008B/2846